自分を褒めまくることが ダイエットへの近道でした

かのまん 原案

あきばさやか 漫画

プロローグ

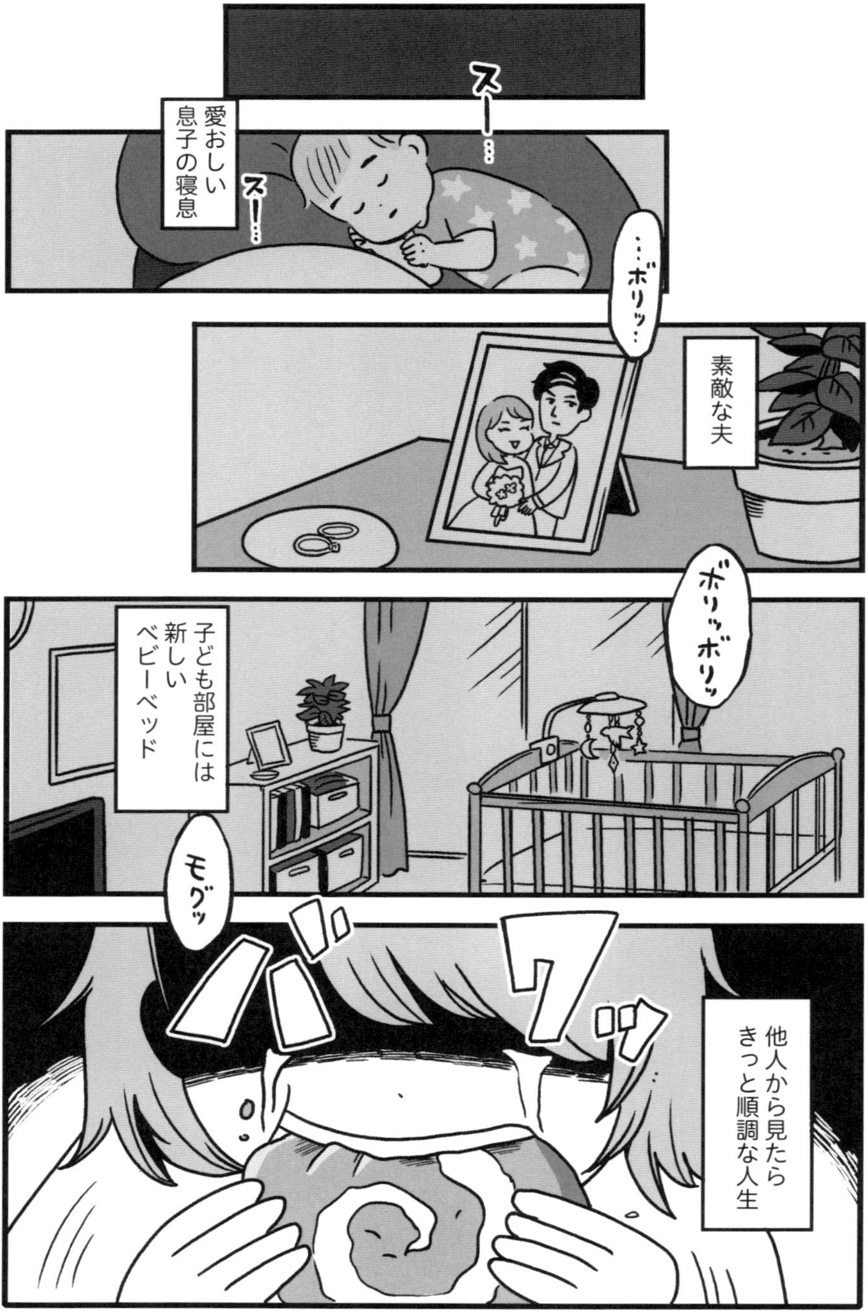
スー…
愛おしい息子の寝息
スー…
…ボリッ…
素敵な夫
ボリッボリッ
子ども部屋には新しいベビーベッド
モグッ
バクッ
他人から見たらきっと順調な人生

でもあの時の私は
お腹はいっぱいだけど
胸はからっぽで
ずっとずっと

心から血を流す
生きる屍《しかばね》だった
チョコパン
チョコレート
ファミリーパック

CONTENTS

第1章　食欲が止まらない私はおかしいですか？

第2章　産後ゾンビからの生まれ変わり

第3章　頑張って生きる私たちへ

巻末付録

第1章

食欲が止まらない私はおかしいですか？

コ
ツ
この漫画の主人公は私 かのまん
アラフォーで6歳の息子の母です
今は歯科衛生士をしながら
かの塾
Resole《リソーレ》というジムでダイエットアドバイザーをやっています
顔は知らなくともお尻を見たことがある方はいるかもしれません
ドーン
BEFORE 64kg
AFTER 46kg
ビフォーアフター写真が大バズり
身長160cm

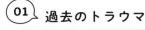

数年前
私は産後の過食に苦しみ
食べることを
やめられない自分を
責め続けました
でも
ちょっとしたきっかけで
そこから抜け出し
ボディメイク筋トレに目覚め
ベストボディ
ジャパン入賞！
BEST BODY JA
人生が
大きく変わりました
これはそんな
普通のアラフォー主婦の
苦しみと再生の
物語
同じように体型に悩む人
苦しんでいる人に
この物語が
届きますように——
ブー。。。
はじまり
はじまり…

ブー…
かのまん's History
私はぽっちゃりとした子どもだった
ムッチ
母が名前と肉まんをもじって「かのまん♡」と呼ぶぐらい
そして
ハァハァ
ゼェ
運動がひたすらに苦手だった
ヒーヒー
ゼェゼェ
最後の一人!!
かのちゃんがんばれー
ドスドス
よし!
ピピ
よし次!
次! かの!
ピッ
はい…
ダッ

ドンッ
おい！真面目にやれ！
もう一度やり直し！
ビクッ
真面目にやってるのに…
ドンッ
いい加減にしろ！不真面目なやつだな！
やる気ないのか
もう一度！ほら走れ！
クス クス
クス
やる気ある！全力でやってる…！

もうみんなに
笑われたくない
晒《さら》し者に
なりたくない……
今度こそ!
ダダダ
ドゥーン
ハハ
全くお前は
ふざけてばかり!!
アハハハハハ
ふ
ふざけてな…
どんなに
真面目にやっても
「ふざけてる」と
怒られる…
クス
クス
クス
…じゃあもう最初から
「ふざけてやっている」
ように見せよう
…へへへ
ばれました?
ドッ
アハハハハ

本気でやってもできない私は
ピエロのお面をかぶることを決めた
運動会プログラム
仲良《なかよ》く元気《げんき》にがんばろう!
日時 ○月○日 00:00～00:00
私がみんなの足をひっぱって参加したらクラスに迷惑をかける…
ウフフ
アハハ
ふざけるな!!
ハァハァ
お母さん今日お腹痛いから休みたい
えっ
母
この幼少期の体験は
「運動
=
笑われる
恥をかく
人に迷惑をかける」
という思考を私に深くインプットした
もう一生運動したくない

幼少期のトラウマもあり中学以降もひたすら運動を避け続けた
中学高校と吹奏楽部
大学はテニスサークル だけど一度もテニスせず
サークル飲み会
運動ゼロでも太らないもんだな〜
グビグビ
レバー
モツ煮 680円
見た目は普通だけど体力がなくすぐ風邪を引く
その後大学を中退し
25歳で歯科衛生士学校へ
キリッ
よしっ
国家試験の勉強するぞ！
ゴソゴソ
ゴソ
チョコた〜さん！
チョコクッキー
チョコまみれ
勉強しながらお菓子を食べるのが息抜きだった
ポリポリ
モグモグ
脳内豚
かのまんの食欲の化身
他の人より
かなりデカい
食べなきゃ
やってられないよね〜

菓子パンやお菓子は私にとって
元気を出してくれる
優しい彼氏のような存在
頑張ってね！
でも無理しちゃだめだよ！
チョコた〜くさん
チョコまみれ
うん♡
足りなくなったからコンビニいこ
ピュ〜ッ
いいね〜
GoGo♪
サイフ
ビターな彼氏
スイートな彼氏
アゲ系彼氏…
いちご
ケーキ♡
カカオ80
コンビニはさながらホストクラブだわ〜
もちろん裏の顔（成分表）なんてみたこともなく…
お持ち帰り〜〜♥
栄養成分表示
熱量
たんぱく質
脂質
コピー
ありがとうございました〜っ
そんな生活を続けたところ
ギッ

あっという間に10kgほど増
あちゃ～
ムチ
流石にダイエットするか…
ま
食べなきゃ痩せるんでしょ！
知識ゼロ
ドン
春雨
春雨スープ
春雨スープ
ドン
ちくわ
ドン
うまキムチ
キムチ
同じものばかりを食べるダイエットを開始
モリモリ
とりあえずこういうもの食べてれば痩せるのよね
キムチ
かのまんボイス
同じものばかり食べ続けるなどの極端なダイエットは栄養バランスが偏って体調を崩したり体重と一緒に筋肉まで減ったりしちゃうよ！

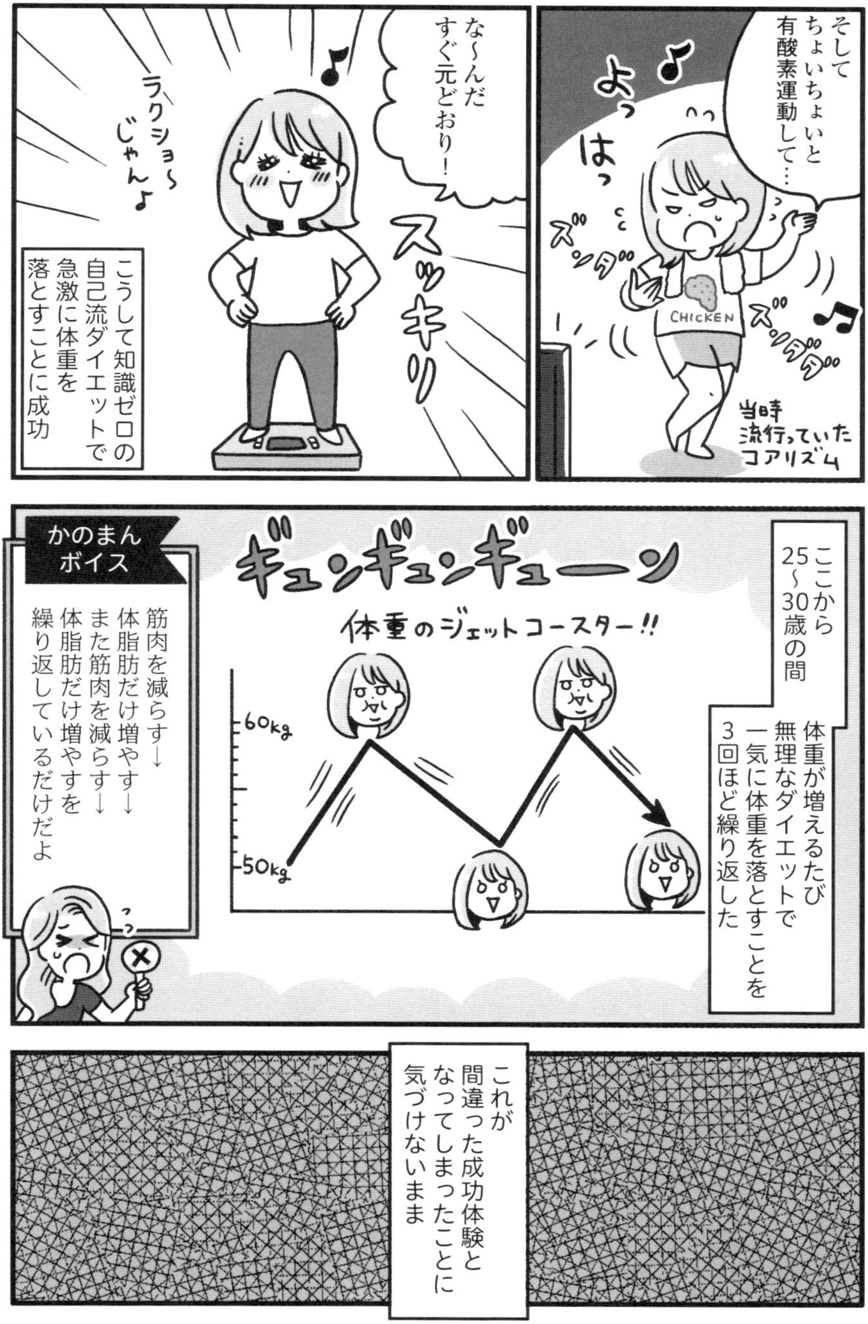
そして
ちょいちょいと
有酸素運動して…
よっ
はっ
ズンダダ
CHICKEN
ズンダダ
当時
流行っていた
コアリズム
な～んだ
すぐ元どおり！
スッキリ
ラクショ～
じゃん♪
こうして知識ゼロの
自己流ダイエットで
急激に体重を
落とすことに成功
ここから
25～30歳の間
体重が増えるたび
無理なダイエットで
一気に体重を落とすことを
3回ほど繰り返した
ギュンギュンギューン
体重のジェットコースター!!
60kg
50kg
かのまん
ボイス
筋肉を減らす↓
体脂肪だけ増やす↓
また筋肉を減らす↓
体脂肪だけ増やすを
繰り返しているだけだよ
これが
間違った成功体験と
なってしまったことに
気づけないまま

こうして
痩せたし服買いにいこ〜♪
見た目は太って見えないけど
ガチャーーン
長年培われた運動習慣皆無の生活
ガチャーン
何度も激しいダイエットとリバウンドを繰り返した体
見事「太りやすい体質」のピースが揃い
あっ これー いいじゃ〜ん
NEW ARR
体重爆発までのカウントダウンが始まったのだった…
ゴゴゴゴゴ….

その後
歯科衛生士学校を卒業し
歯科衛生士に
ほどなくして
夫と出会い
交際スタート
でねっ
それで〜
MOCHA
Cafe menu
無口で大人しい人だな
今までの彼はみんなおしゃべりだったから新鮮
もしかして結婚するならこういう人…なのかな
やさしいし…
あっという間に結婚が決まった

こうして始まった結婚生活
できたよ!!
食べよ〜
ドドン
無口な夫だけどご飯はよく食べた
バクバク
美味しい?
うん
もともと料理好きだしたくさん食べてくれるから
張り切っちゃう〜!
いくら食べても太らない体質の夫と
モリモリモリ
毎日同じように食べていたら…

また
太っちゃった…
デン
まぁ
そうなるよね
NIGIRI
MESHI
まぁ
大丈夫
大丈夫!
例のあれで
元どおりだから!
ワ
アレ
キムチ
ウプッ
呼んだ?
春雨スープ
ん?
…なんか
気持ち悪いな…?
ウプ
ダダダッ
W.C
バン
オロロロ…
そんな時
まさかの妊娠判明
にににに
妊娠してる!
買ってきた

03 産後も減らない体重

こうして「食べられること」の幸せを
あれもこれもうま～い
パク
パク
パク
パク
よかったね～
思う存分噛み締めていたら
妊娠前ただでさえ太っていたところからさらに約10kg増！
グングングーン
60kg→70.5kgへ
ヒイイ
誰か止めてくれ――っ
買い物中
ん？
SALE
%～%
ドドーン
何この動く山…？
SALE

でもまぁ
あはは〜
産んだら
なんとかなるっしょ〜
そしてその日は
意外と早く
やってきた
えっ
○△□産婦
予定日2週間前の妊婦検診中
赤ちゃんの心拍が
弱まっていることが判明
ぬおお〜
家に帰る暇もなく
フルメイク出産
そのまま緊急出産となった
3300gの
元気な
男の子です!
ほぎゃっ
ほぎゃっ
やった〜
思ってた出産と
ちょっと
違ったけど…
ようこそ〜
カワイイ…

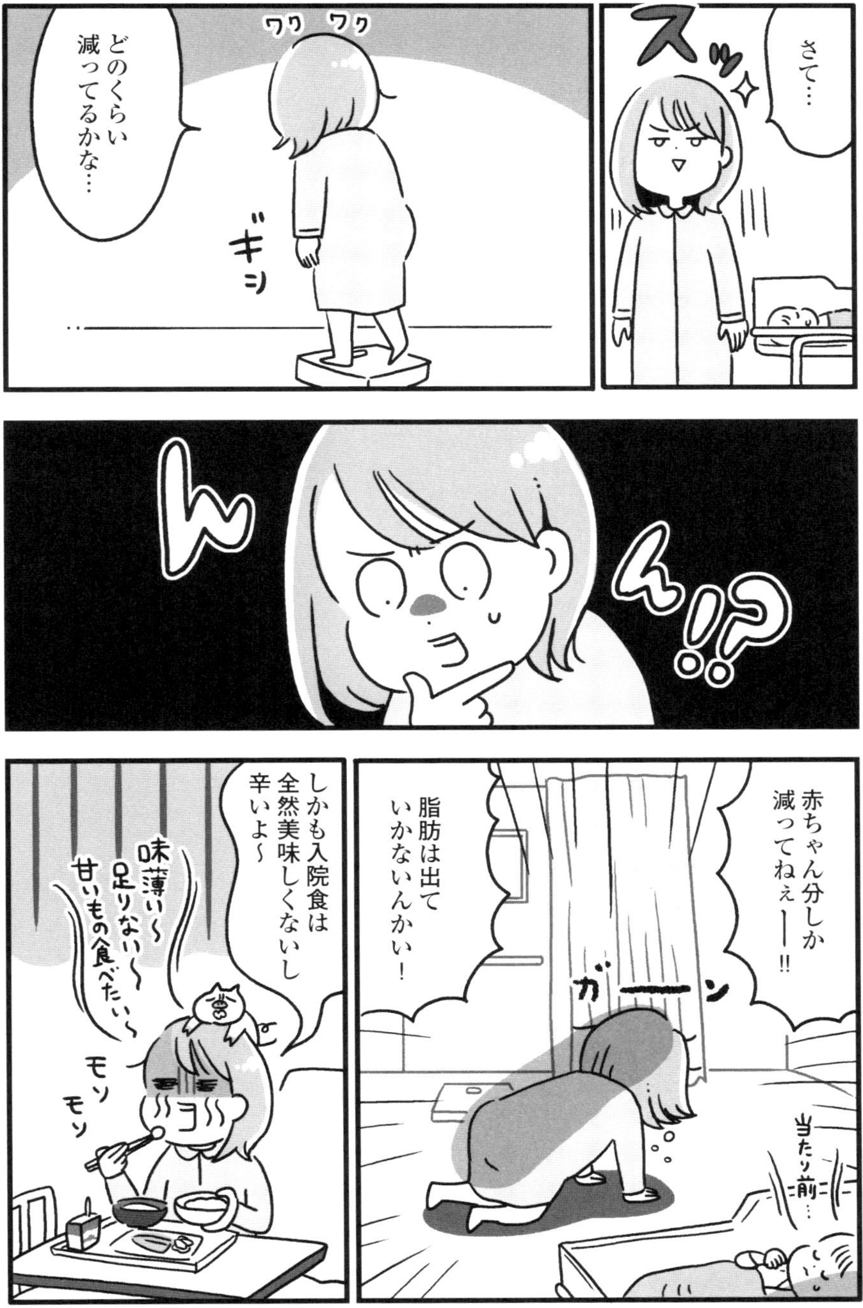
スッ
さて…
ワク ワク
どのくらい減ってるかな…
ギシ
ん
ん!!?
赤ちゃん分しか減ってねぇ――!!
脂肪は出ていかないんかい!
ガ――ン
当たり前…
しかも入院食は全然美味しくないし辛いよ~
味薄い~
足りない~
甘いもの食べたい~
モソ
モソ

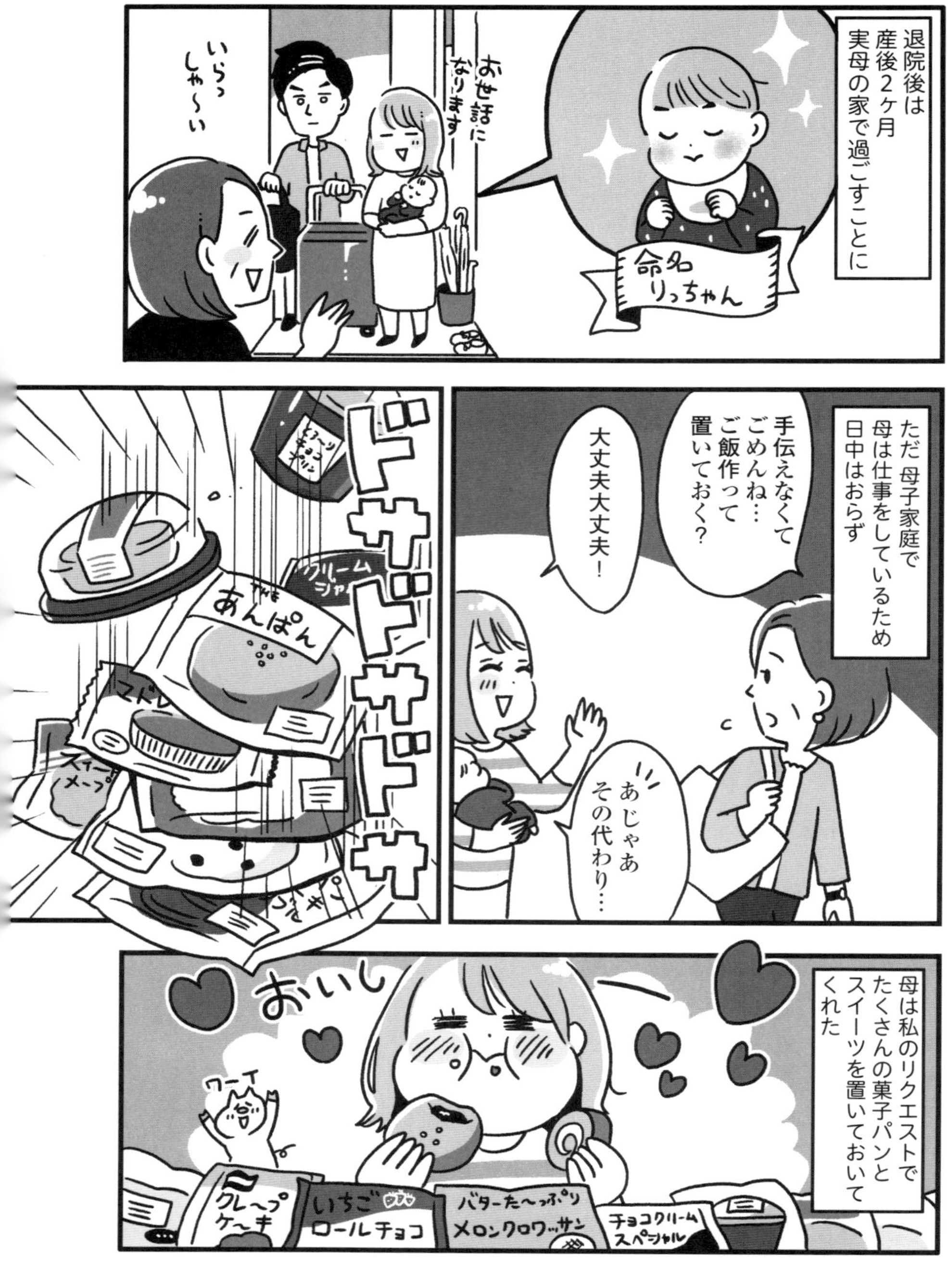

退院後は
産後2ケ月
実母の家で過ごすことに
命名
りっちゃん
お世話になります
いらっしゃ〜い
ただ母子家庭で
母は仕事をしているため
日中はおらず
手伝えなくて
ごめんね…
ご飯作って
置いておく？
大丈夫大丈夫！
あじゃあ
その代わり…
ドサドサドサ
あんぱん
母は私のリクエストで
たくさんの菓子パンと
スイーツを置いておいて
くれた
おいしーー
ワーイ
クレ〜プ
ケ〜キ
いちご
ロールチョコ
バターた〜っぷり
メロンクロワッサン
チョコクリーム
スペシャル

赤ちゃんは目を離せないし
もぐもぐ
調理なしで食べられる菓子パンってありがたいな〜
おまけにおいしい♡
食べる時音もしないし♡
そ…
「彼氏」たちはここでも私に優しかった
疲れてない？これなら抱っこしながらでも片手で食べられるね…
チョコチップMAX
カロリー高いし元気になるよね！
レモンチョコケーキ
そんな日々を過ごし2ケ月後 自宅へ
りっちゃんここがお家だよ
今日から頑張ろうね〜
心細〜…
しかし夫は毎日帰りが遅く（20時〜21時帰宅）
いわゆるワンオペ育児が始まった
ふえ…
ふえ…

ふえー
AM2:00
また…?
どうしたの〜りっちゃん…
フラフラ
ふえ〜あぁ〜
置くと寝ないので常に授乳
ぐらん
ぐらん
やっと寝た〜
スースー
ボロッ
よし寝られる…
バターン
……

息してるよね…？
布団暑くないかな？
ガバ
目を離すと死んでしまうかもしれない子どもと24時間一緒にいるプレッシャーは凄まじかった
そして
行ってきます
行ってらっしゃ〜い
…また大変な一日が始まるのか…
フウー…
人と会えない生活
何一つ思い通りに進まないストレス
フェ
また中断…一品作るのにめちゃくちゃ時間かかる〜〜〜
趣味の時間もまともにとれない日々は私の精神を削っていった
消音で見るドラマが精一杯
このままじゃフライドチキンになっちまう
シ…ン…

はっ
ガチャ
おかえり！
ただいま
あのね今日りっちゃんがねあーでこーですごく大変だった疲れちゃったよ～！
俺も疲れた
は～っ
あっ…そう…
会話終了…

ハア…
子どもが生まれる前は
おかえり！
今日どうだったー？
この映画
いっしょに観よ！
お友達呼んで
ホームパーティ
私が頑張って
積極的に
コミュニケーション
取っていたけど
今は育児で手一杯で
そこまで頑張るのは
しんどいよ…
……
前は広かった私の世界
趣味の友人
飲み友達
職場
独身時代の友人

今日から産休いただきます
がんばってね〜
バン
純ちゃんに会いたいけど嫌な思いをさせたら嫌だな…
年上子なしの友人
変な気遣いをしてしまっていた
バン
お友達呼びたいけどこんな汚い状態じゃ恥ずかしいから無理
完璧主義
ぐちゃ…
バン
出産を機に
一気に狭まった

日々話せる人は
この人だけ
もく
もく
なんでやねん
ワハハ
……
話せる人が夫だけになって
気づいたけど
モグ…
私…
人と会うの
好きだったんだな
独身時代は
「一人の時間大好き!」って
思ってたけど
昨日飲みに行ったし
今日は引きこもり!
一人時間
最高～
POTATO
それはたくさんの
選択肢の中から
自分で選んだ
一人時間だからだったんだ

さみしい…
心がからっぽだ
食事を褒めてくれない夫 作りがいはないけれど
うおりゃあああああ
1汁3菜は必ず!!
離乳食もベビーフードも使わな〜い!!
完璧主義で料理に手を抜くことができなかった
かのまんボイス
完璧主義が私の悪い癖… 育児中は程よく手を抜くべきだった…!
そしてその反面
自分のために作るのは面倒くさ〜〜〜〜い
100か0の女
ぐで〜
レンジでチンするのすら嫌! これでいいや
バリッ♪
いちごチョコMAXパン
菓子パンやスイーツでお腹を満たすクセが抜けなかった

そのうち異変が起こり始める
菓子パン食べたい
菓子パン食べたい
菓子パン食べたい
アブー
食べたい食べたい食べたい食べたい
バリッ
ムグムグ

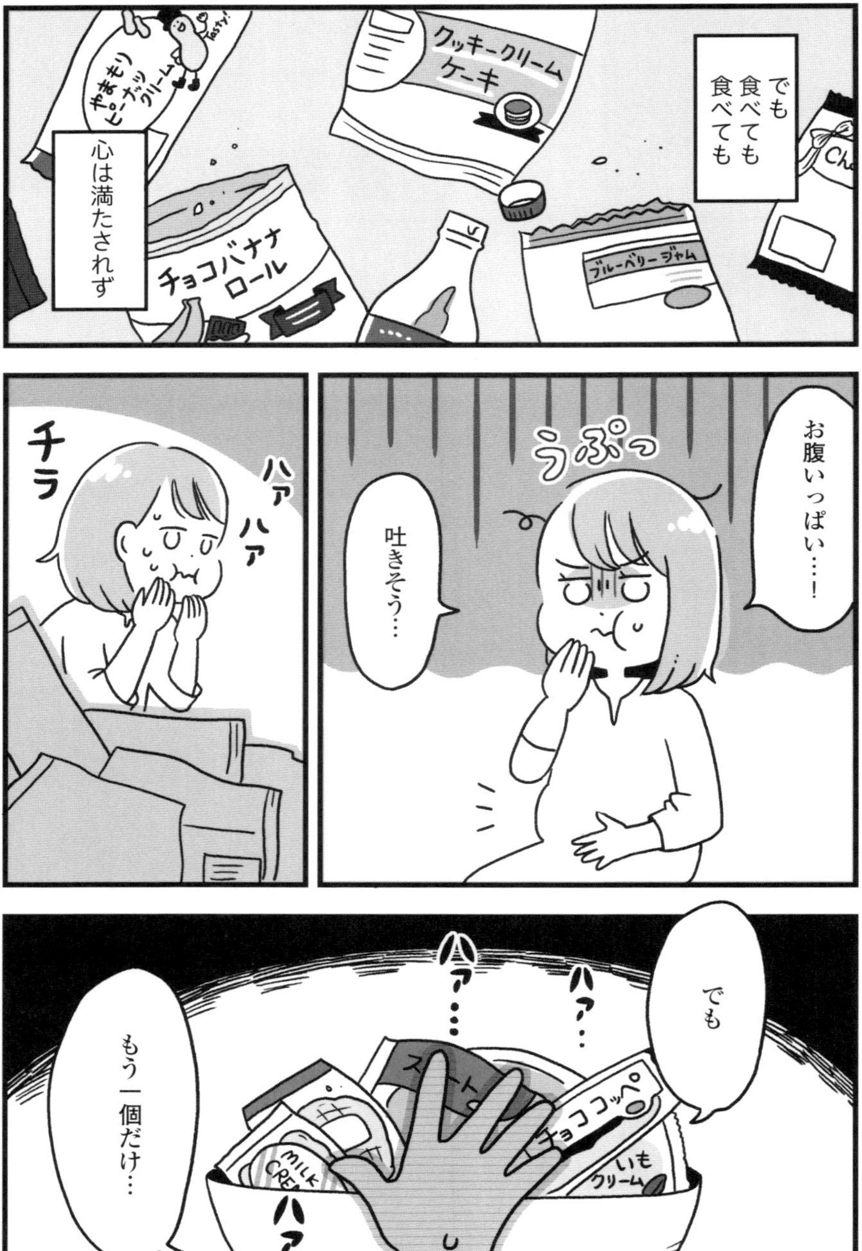
でも
食べても
食べても
心は満たされず
やまもり
ピーナッツクリーム
Tasty!
クッキークリーム
ケーキ
チョコバナナ
ロール
ブルーベリージャム
うぷっ
お腹いっぱい…！
吐きそう…
ハァ
ハァ
チラ
でも
ハァ…
ハァ…
もう一個だけ…
ハァ…
チョコッペ
いも
クリーム
MILK

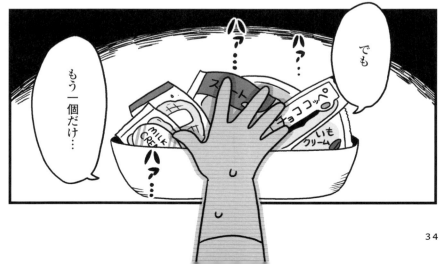

なんで
食べても食べても
満足できない
んだろう…？
うぷっ
？
？
授乳してる
から？
？
この時
静かに
でも確実に
フシュ〜…
フシュー…
異変が
起き始めていることに
私はまだ気づけなかった

かのまんボイス

制御不能の異常な過食行動が続くのは
実は摂食障害の可能性あり
気づいたらどうか病院を受診して！

パンやお菓子のゴミは隠して…と
すごい量…
ぎゅう
紙袋に入れて布をかけてベッドの足元に
ぎゅう
食費やば…これも隠さなきゃ
スーパー△△
ピロ〜〜ン
……
ドン
ムチッ
普通の量のご飯を食べているのにどんどん大きくなってる…
?
…なんでだろう
※過食は一人でこっそりしているので人前では普通の量しか食べない
忙しくてあまり家にいない夫は私の異変に一向に気づかず
まいっか仕事しよ
かくせっ
かくせっ
私はこの異常な食欲を夫に相談しようとしなかった
ガサ
ガサ

フワ
じゃ寝るね
おやすみ
ガチャ
寝室は別
バタン
そしてもう一つ
私を苦しめたのは
うん…
…おやすみ…
産後のセックスレス
今日も
なしか…
産後ずいぶん
経つのに
一回も誘われない
モヤモヤ
誘われないのは
きっと
太ってるから…
女として
見られてないんだ…

私から誘ってみる…？
ドキ
ドキ
でももし誘って断られたら
ドッドッ ドッドッドッドッドッドッ
ごめん
その体じゃ…そういう気になれない
最近女捨ててるじゃん
無理!!
断られたら心が死ぬ…怖すぎる!!
くる
る
さみしい
しくしく
しくしく
むなしい

次の日
あちゃ〜
レタスちょっと傷んじゃってる
ベリ
ベリ
ボ〜…
私の女としての人生は終わったんだ
これからの私の人生の役は「お母さん」だけ…
モヤァ…
………!
やばい押し潰されそう
バッ
チョコドーナツ

食べている時は
嫌なことを考えず
テッテテテ〜レ
無敵
テ〜テッテ〜レ
無敵のBGMが
脳内で
流れている
無敵でいられた
でも食べ終わると
脳内のBGMも止まり
食べ
終わっちゃった…
ゲフ…
頭の中から
自分を罵倒する声が聞こえた
この豚
あさましい
モヤ
モヤ
豚じゃん
うぅぅ…
やめて…
醜い
また食べなきゃ！
食べすぎて
気持ち悪いけど…
今思うと
明らかに産後うつと
摂食障害の症状だった
チョコチップ
メロン
ハァ…
ハァ…

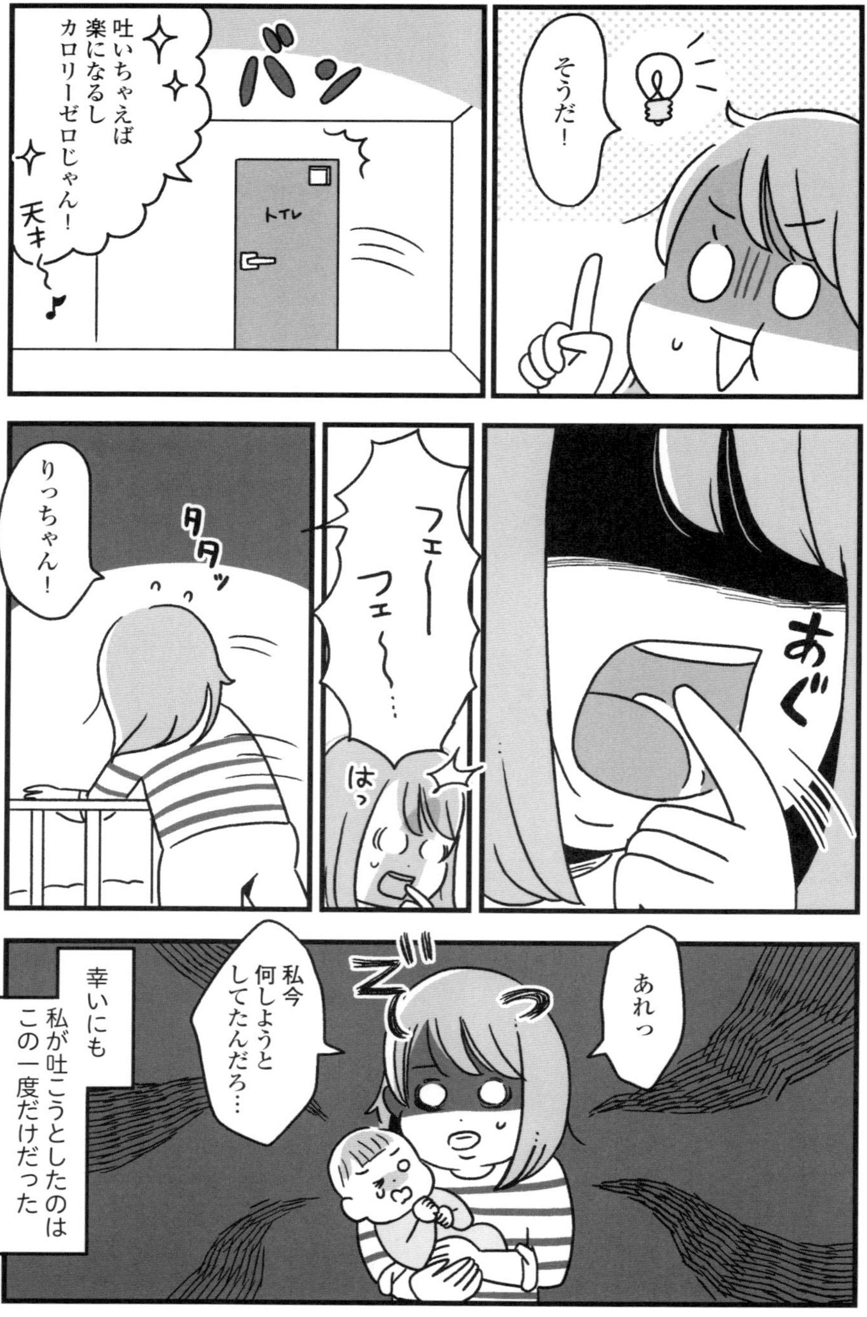
そうだ！
バン
トイレ
吐いちゃえば楽になるしカロリーゼロじゃん！
天キ〜♪
あぐ
フェ〜
フェ〜〜…
はっ
タタッ
りっちゃん！
あれっ
私今何しようとしてたんだろ…
幸いにも私が吐こうとしたのはこの一度だけだった

私はたまたま免れたが
嘔吐を伴う摂食障害で
苦しんでいる人も
とても多い
過食や
嘔吐
罪の意識
くりかえし
ちなみに私のような
非嘔吐の摂食障害は
「むちゃ食い障害」とも
言われる
食をコントロールできない自分に
罪悪感を抱き
食後、さらに自己嫌悪・
自責感・罪悪感を伴う
抑うつ気分に陥り
それが次の「むちゃ食い」へ
繋がる悪循環となる
でもその時は治療なんて
思いつきもせず
私のバカ！
豚！
食欲がコントロール
できないのは
私の意志が弱いからだ‼
自分に全てを
背負わせていた
かのまんボイス
摂食障害に
必要なのは
「無理に食べるのを
我慢すること」
ではなく正しい治療
食べてしまう
自分を責めないで！

06 体型以外にも訪れた変化

もっと健康的なもの食べたほうがいいんじゃない？
イチゴクリーム BiG
ブチ
そんなのわかってるよ
でも辛くてどうしても食べちゃうの
ポロポロ…

毎日ワンオペで子どもを生かすのに精一杯で…今の私にはこれしか楽しみがないの
ギョ〜〜
ボロボロ
菓子パン食べてどうにかふんばってるんだよ
ワァ
それをやめろって言うのは死ねってこと⁉
なんでそんなひどいこと言うの⁉
わあーーー
それ以降夫が食生活について何か言うことはなくなった

翌日
あーあー
ついに
爆発しちゃったな…
わ〜細くて
綺麗なママ…！
それに比べて…
なんで私は
こうなの…？
普通の人は
コントロール
できているのに…
私はダメ人間だ！
かのまん
ボイス
人と比べるのは不幸の始まり
他人の「普通」で
自分を測っちゃダメ！

友達と遊んでいる時も
久しぶり〜
太ったことを指摘されたくない…
自分から言おう！
私が前に行くとみんな細く見えるよ〜〜〜
イェーーイ
ズイズイ
アハハ
カーテンみたいな服しか着られないよ〜〜〜
ガッハッハ
デーン
アハハ
自虐が反射的に口から出てくるように
ペラペラペラペラペ〜
自分の姿を見たくなくて
家では鏡を排除した

そんなある日
今日りっちゃん見てるから
好きなことしてきていいよ
えっ
え！いいの？
たまにはメイクしよ！
…ん？
なんか変だな…
久々すぎて忘れた…
まいいか 久々の自由時間！どこ行こ～♪
我慢してたことたくさんあったんだよね～

まずは
だいぶ伸びちゃったし
ヘアカットを…
hair salon
イヤイヤ
美容室は無理!
鏡の前にいるの
耐えられない
くる
あ
じゃあ
ショッピング…
SALE
イヤイヤ
どうせ
入らないし
無理
くる
結局
ドドン
あれ?
結局外でも
甘いもの食べてる…

トボ
トボ
お洒落も買い物も
好きだったのにな…
産後
体型が大きく変わり
オシャレを
楽しむこと…
フッ
人と
会うこと
フッ
ヘアスタイルや
メイクに
こだわること
フッ
ひとつひとつ
自分の中にあった光が
消えていくような気がした
あれ…？
私って何が好きで
楽しいと
思ってたんだっけ…

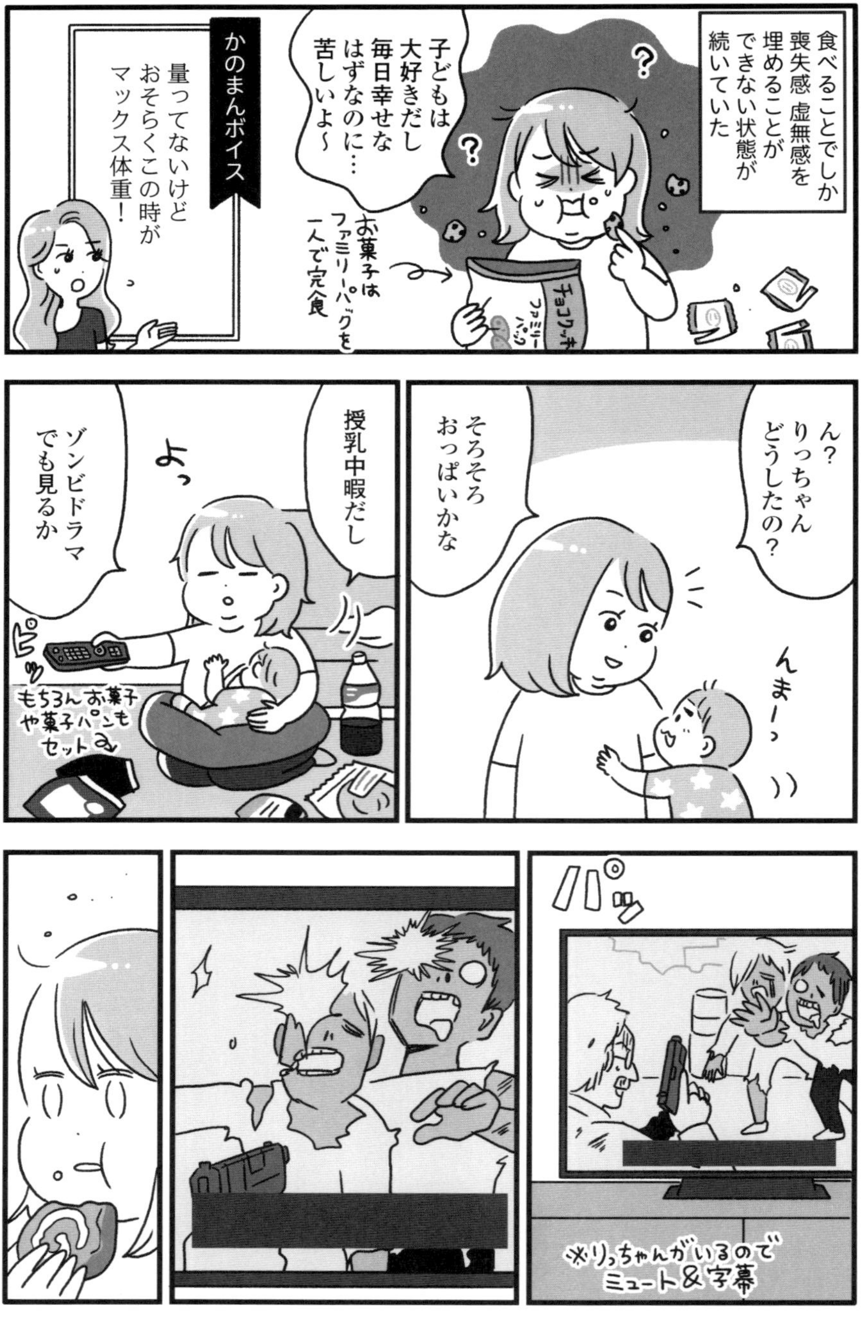
食べることでしか喪失感 虚無感を埋めることができない状態が続いていた
子どもは大好きだし毎日幸せなはずなのに…苦しいよ〜
お菓子はファミリーパックを一人で完食
チョコクッキー
ファミリーパック
かのまんボイス
量ってないけどおそらくこの時がマックス体重！
ん？りっちゃんどうしたの？
んま〜っ
そろそろおっぱいかな
授乳中暇だし
よっ
ゾンビドラマでも見るか
ピッ
もちろんお菓子や菓子パンもセット
パッ
※りっちゃんがいるのでミュート＆字幕

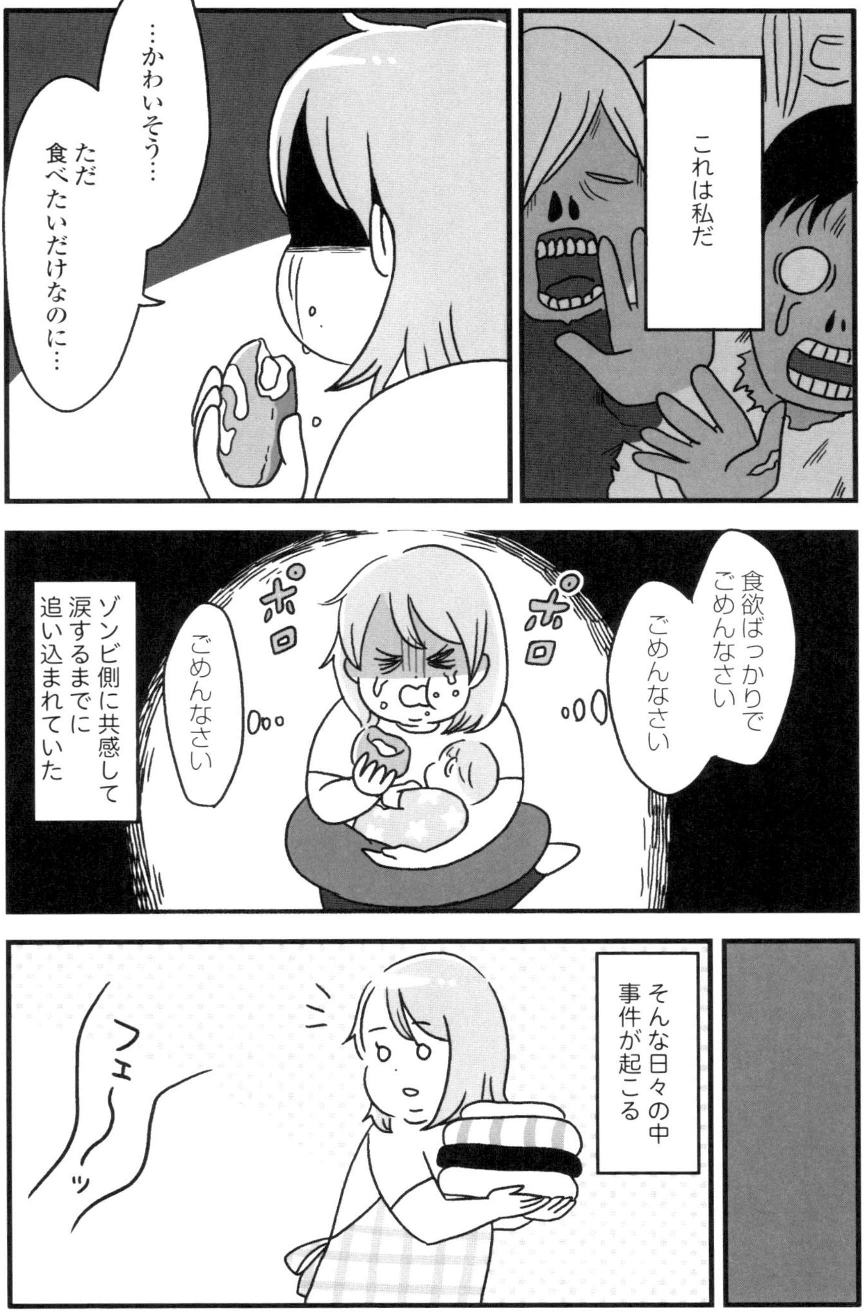
これは私だ
…かわいそう…
ただ
食べたいだけなのに…
食欲ばっかりで
ごめんなさい
ごめんなさい
ポロ
ポロ
ごめんなさい
ゾンビ側に共感して
涙するまでに
追い込まれていた
そんな日々の中
事件が起こる
フェ〜〜ッ

あらら
りっちゃん
どうしたの！
ヒョイ
フェ〜
ビシッ
えっ何この衝撃
後ろから誰かに
殴られた⁉
ズキン
ズキン
ズキン
ち ちがう！
誰もいない！
こ…これは…
もしや
噂に聞く
ぎっくり腰…
ハァ
ハァ
ととにかく
りっちゃんを……！
そ〜…
ハァ
ハァ
?
うっ
ヘナヘナ

今日で
産後骨盤コース
おしまいで～す
ギュッ
ギュッ
ホラ!
肩の高さが
揃いましたね!
肩…肩?
骨盤は
どうなったんだ…?
ハッ
ここんな
走馬灯
見てる場合
じゃない!
動けない
ビキィ
う
電気も
つけられない
徐々に暗くなってくる
部屋…
……
なっ
泣くことしか
できない…
しくしくしく…

ここれも
ハァ
ハァ
太りすぎた
せいなの…？
タ、
タスケテ…
リアルゾンビ状態
ヴァ〜
ズル
ヴァ〜…
ルル
夫と母が駆けつけてくれた
え〜ん
大丈夫か〜っ
このぎっくり腰事件は
私に
いいかげん
どうにかしなきゃ
と強く思わせた

そして翌日からは
腰を庇《かば》いつつ
必死のワンオペ…
ヒィ ヒィ
キャッ キャッ
四つん這いが楽
休憩中
フゥ〜〜〜〜。。。
そういえば最近
近所のスーパー行く時さえ
体力がなさすぎて
途中座って休憩しないと
ダメなぐらいだったし
フィー
ハァ ハァ ハァ
りっちゃんのパワーは
どんどん増していくし
あ〜
ぐえっ
りっちゃん
首しまってます〜っ
そろそろ体重落として
少しは運動しないと…
このままいったら
子どもが危ない時
追いかけられない!
危ない!!
ハァ
ハァ

やるぞっ
メラッ
とりあえず食事制限！
腰が治ったら運動もする!!
そう思ったはずなのに
なんで私
四つん這いで菓子パン食べてるの⁉
ピーナッツクリーム
あんぱん
自分がなさけない…
しくしく
やめる！本当にやめる！
今まで何度もダイエット成功してきたじゃん！

ボヤ〜…
バッ
POTATO
ドーナッツパック
生チョコクリーム
CHOCOLATE PIE
12袋
えっ
あれ？
私
やめようと
思ったよね…??
いつの間に
こんなに
前はできていた
「食べなきゃ痩せる」が
できなくなってる？
ゾッ
もしかして…
なんか私
おかしい…？
プシューー…
やっと
気づいた
ここで初めて
自分の状態が異常だと
気づいたのでした

Kanoman's advice part.1

体重が思うように減っていかない…やる気が持続しない…ダイエットをしていると立ちはだかる壁がたくさんあります。

でも「上手くいかない」ことこそがダイエットのデフォルト設定なんです。調子が良い時のほうが少ないくらい、食事管理も運動もノリノリでできる期間なんてものは短いです。

人間関係や仕事、育児などの日々の悩みや、悲しいことや辛いことが起こった時、イライラする時、心にゆとりのない時はダイエットまで手が回りません。

そんな時にまで自分をストイックに追い込もうとするのは、ボロボロな心と身体に鞭を打つようなもの。

ダイエットに大切なこと第一位は「継続」です。

ダメな時があっても自分を責めず、今は休む時と決めることも大事なことです。

そして美味しいものを食べたり、休養をしっかり取ったら、いつまでもダラダラしないようにパッと切り替えること。自己嫌悪の沼に沈まなくていいんです。だってできないのが当たり前なんだもの。

その沼から自分を引っ張り上げるのは「小さな行動」です。たった一回のスクワット、食べようとしていたドーナツを一個やめてみるでもいい。そしてそれができた時に自分を褒めて褒めて褒めまくりましょう。

他人と比べず、「私の小さな第一歩」を祝福して、またゆっくり歩き始めましょう。

第2章

産後ゾンビからの生まれ変わり

その後 ぎっくり腰は治り
う〜ん
ヨロヨロ
フー
なんとか動けるようになったものの…
なんか食欲もメンタルも変…！
とりあえず健康にならないと！
こうしてついに近所のジムに足を踏み入れた
Sports Club ○×△
春の入会キャンペーン中
ドキドキ
た…たのもう（小声）
よろしくお願いします〜
よろしくお願いしま〜す
食生活のヒアリングとマシーンの説明をしてくれる方（パーソナルではない）
食生活ヒアリング中…
友人紹介キャンペーン

う〜ん
バッサリ
この食事
やめたほうが
いいですよ
…………
夫に言われた時は
反発してしまったけど
わー
まったくの他人に言われると
スッと染み込むな…
DAYONE…
うっ…
やめた
ほうがいい
そ そうですね…

なんで菓子パンばかりなんですか？
片手で食べられて音が出ないものがいいんスよ
息子が起きるから
あ〜じゃあサラダチキンとかどっすか？
サラダチキン
コンビニにありますよ
Sports Club ○×△
サラダチキン…？
確かに最近コンビニに置いてある…かも…？
初めて聞いたって顔っすねー
ボヤ〜
HOT SNACK
いつもこの辺しかピントが合っていなかった
あとこういう食事もおすすめで…
！…
！…
ハ〜…
ずっと逃げてきたけど正しい方法から目をそらしていてはだめか…
面談終了
フラ
しょうがない…やるか…!!

こうして私はついに菓子パンに別れを告げ
さよなら…
かのちゃ〜ん!!
メロンパン
チョコ
サラダチ
茹で卵やサラダチキン白米と交際を始めたのだった
さらにジムで筋トレや
ヒィ
ヒィ
有酸素運動をするように
すると…
えっ

あっという間に体重が落ちた
え〜!!
−3kg
ちょろすぎ〜〜〜
このまま痩せたら私どうなっちゃうの…
かのまんボイス
シュッ
水分から出ていく
ダイエットの最初にガツンと体重が落ちるのはログインボーナスのようなものでむくみが取れただけのもの
喜ぶのはいいけどあまり浮かれすぎるな〜!笑
お〜い!
浮かれすぎるなってば…
ログインボーナス終了でその後は当然体重は横ばい
アレ?
それに伴いモチベーションも…
ヒュ〜

マシンの使い方もよくわかんないし
これで合ってるの？
？
？
ガチの方々
すみませ〜ん…
肩身も狭い
コソ
コソ
たのしくない〜〜
今日もサラダチキン
痩せないけど…
ヒョコ
ニコ
ストレスで徐々にまた菓子パンを食べるように
だから俺じゃなきゃダメって言っただろ…
クリー
チョコ
復縁…

は〜〜
ジム行くのめんどくさいな〜
でもジムのために一時保育予約しちゃってるからな…
しぶしぶ
とりあえず行くだけ行ってお風呂だけでも入ろ…
※大浴場のある大型ジムに通っていた
ザ――…
ポチャン
ふ〜〜
ダイエットは停滞していたけど
ジムでゆっくりお風呂に入れたのは本当によかった

ずっと育児に必死すぎて
自分は二の次だったから
ん〜…
貴重な時間だなぁ
ポチャン
フゥ
シュ
久々に自分のために
ゆっくりする時間は
なんか…
しあわせ…かも?
徐々に
人間らしい心を
取り戻すきっかけとなった
かのまんボイス
ダイエットする前に
まずは
「今自分の心が
どんな状態なのか」
を見つめてみて
「生きるのに必死」
という状態の時は
ダイエットしてもダメ!
まずは身体と心を
ゆっくり休めよう

09 受け入れたくない現実

ワクワク
さぁセルライトを溶かしておくれ〜〜〜!
あっ お客様
施術前にお写真を撮りますね
バスタオル取っていただいて
ぐいぐい
え？ え？
イ、イヤー!!
カシャ
施術用の紐パン
ガ
こ
これ誰!?

なにこのたるんだお尻…
首のうしろヤバ…
わけのわからない場所にも肉が…!
ワナワナ
鋭利すぎる真実に3日寝込むぐらいの衝撃を受けるのだった
ぐわん
ウワ
ぐわん
かのまんボイス
辛いけどダイエットをする前にまずは現実を見つめることこれはすごく大事!
これはやばい!
キッ
頑張らなきゃ!
あまりの衝撃に気合を入れ直すも
その後もあまり成果は出ず
毎回なんとなくエステして有酸素運動…の流れ
ヒィ
ヒィ
いつしか写真の衝撃も薄れてきた
あれ~? あんなにショックだったのに… モチベーションが上がらない~
かのまんボイス
衝撃を受けるような経験は決意にはつながるけどダイエットを長く継続するモチベーションの糧にはたいていならないよ

そんなある日
歯科学校時代の友人が
一緒に運動しよう!
と誘ってくれた
久々だね~
純《じゅん》ちゃん
(40代後半)
お酒が大好きな
姐さん
ぎょ
純ちゃんの体型…
明らかに前と違う!
お尻がプリっと上がって…
全身引きしまってる…!
あもしかして
あの時の…
2ケ月前
お酒
やめたんだ~
えっ!?
どうして?
あの酒飲みの
純ちゃんが!?

実はパーソナル
はじめてね
あと食事をね
PFCバランスっていうのを
意識して…ぺらぺら…
え？
P？
なに？
あの時言っていたことを
実行したんだ！
なのに私は…
モヤ…
え～
あの酒飲みの純ちゃんが…
なんか変わっちゃって
悲しい…
パーソナルって本格的だね～
意識高そう！笑
純ちゃん
マッチョになるの～？ww
プププ
もー
ちゃかさないでよ～w
努力する人を
「自分に関係ない」って
勝手に遠くに追いやって
どうせ私は
ムリだも～ん
ケッ
ひがんでちゃかしていた…

でも
私が菓子パンと
よりを戻している間に
純ちゃんは努力して…
無料体験
キャンペーン
通い放題
プラン
パタ
かのちゃん？
今こうして
明らかな変化が表れている！
恥ずかしい…！
ボソ…
パーソナルジム…か
ジムのお金
2年分だし
正直高い…！
ブツブツ
オ〜イ
かのちゃん？
オ〜イ
でも…でも！
このままダラダラ
エステと
有酸素運動してたって
何年経っても変わらない！
ブツ
ブツ

何より私も…
純ちゃん…あのね
純ちゃんみたいに頑張ってみたい
純ちゃん私
私もパーソナル行きたい!!
もちろん！紹介するよ〜！
がんばろ〜
ワ〜〜
前ちゃかしてゴメンね〜
純ちゃんホントキレイ〜
こうして純ちゃんと同じパーソナルジムへカウンセリングへ行くことを決めたのでした

こんにちは！
純ちゃんのトレーナー
京角《きょうかく》さん（当時20代前半）
ピカー
若いマッチョだ！意識高そう！
ヒィィィ
大人とほとんど喋らない生活でコミュカが低下中
？
一緒に頑張りましょうね！
おず…
これが私の人生を大きく変える出会いになるとは
よろしくお願いします
まだ知らず

こうして始まった初めてのパーソナルジム
緊張する〜
怒られたらどうしよう…
PERSONAL GYM
さて どうなりたいですか？
に、人間になりたいデス
AHAHA もう人間です どういう体型になりたいですか？
えと…
私は…どうなりたい？
……
どうせ私なんて
モヤア…
無理に決まってる
ぐっ
フッ
あ…
わ
私は…

そうだ私
ずっと諦めてたけど…
公園で
別の生き物みたいに
見えていたけど
純ちゃんみたいに
引き締まって…
もしかして
私も…!
健康的で
子どもと一緒に走り回れる
お母さんになりたいです
はい!わかりました!
ニコ
頑張りましょう!
かのまんボイス
目標は明確に!
でも短期間で体重を落とすこと
だけを目標にしないで!
どうか忘れないで
大いなる目標は
「自分を好きになること」
そして「幸せになること」

食事管理は
どうします？
やりたく
ないです！
AHAHAHA
違います！
軽めかしっかりめか
聞きたかったんです
じゃあ軽め…
(やりたくね～)
とりあえず1週間分
食べた物を
ノートに書いて
提出してください
げげ… まぁ…
書くだけなら…
1週間後
ふむふむ…
あの
聞きたいんですけど
怒られる！
ぐっ
この手羽先は
揚げですか？
焼きですか？
えっ
えっえと…
揚げ…焼き…？
このシフォンケーキって
なんですか？
生クリーム
つけるんですか？
はい？
つけてます
ったりめ～だろ！
つけなきゃ
シフォンじゃ
ね～よ!!

は〜なるほど！
こういう
ケーキなんですね！
素でシフォンケーキを知らない
ハハ〜ン
ポカ
生クリームは脂質があるので〜
この人
怒るとか責めるとかじゃなくて
すごく丁寧に真剣に
今の私に向き合ってくれる…
そしてトレーニングでも
イタタ
ギブギブ
すっ
すみません
まだ腰が痛くて…
イテテ
痛みがあるなら
すぐやめましょう！
じゃあこれは
できそうですか？
イデッ
痛いです
じゃあこの
動きは
どうです？
これも
ちょっと…
もはやリハビリじゃん
うっ
すみません…

1 2 3 4…
フラ
フラ
グラグラ
うーん！
ハッ
あ…
すみません
私
サー…
昔から本当
運動だめで！
不真面目なやつっ!!
やる気ないのか
ズズズズ…
運動してこなかったからなんですね！
動きに癖がなくてすごくいいです！
ピカ
えっ…！

その後も
あ　できてますね！
前回より腰が落とせてますよ！
揚げ物一つ減らせたんですか！すごい！
成長してますよ！
いいですねいいですね！
この人めっちゃ褒めるじゃん…
息子に対する私なみ…
ハァ
ハァ
ハァ
ハァ
うわーすっごいねぇぇ
あらやだ天才！
頑張らせるための作戦…？
いや…
この人どうやら心から私の成長を喜んで褒めてくれているっぽい…
次はこのトレーニングに挑戦してみましょう!!
キラ
キラ
イキ
イキ
なんだか『育て直してもらっている』みたいな感覚で
ヨチヨチ
あんよ上手!!
ナイスあんよです！
くすぐったい…

でも
くんっ
褒められたね
うん
すごく嬉しい!
今まで自分を
貶《おとし》めてばかり
だったけど
自分けなし
チェックリスト
デブ
運動がダメ
食べすぎ
意志が弱い
……
今日も
ダメ
すぎる……
うう…
そっか
私だって褒められていいんだ…!!

「どんな小さな努力も褒めてもらえる」という経験は次第に
1.2.3…
「頑張る自分が好きかも」という気持ちへ変化していき
えーと30g…
徐々に食事制限と筋トレを頑張れるようになっていった
夫との会話があまりないのに悩んでいたけど
フフフ
アハハハ
でさ～
AHAHAHA
その分ジムで大人と話せるのも楽しかった
ちなみにその後は食べ物記録アプリを勧められそちらに移行した
MyFitnessPalというアプリ
これであの尋問を受けなくてすむ…
ホッ…
揚げですか?
チーズかけました?
焼きですか?
パンナコッタって何ですか?
?

食事制限と記録を続けるうち
フム フム
暴走していた脳内豚の扱いもわかってきた

〜脳内豚のトリセツ〜
ルール① 脳内豚の存在を認め、殺さず飼いならすべし!
脳内豚…それは食欲の化身
お腹いっぱい!!
そしてその大きさはかなり個人差がある
デザートは
かつ丼♡
脳内豚の暴走はいわばストレス緩和のための防衛本能であり
お腹減ったけどダイエットには春雨…
チュルル
食べたい
食べたい
その存在を無視して抑えつけようとすると
後で大爆発してしまう
ボーーン
うおお〜 メニューのここからここまで全部ください
menu
なので存在を認めどう共存していくか考えよう
私はどうやら他の人より脳内豚が大きいみたいだ作戦を考えよう

〜脳内豚のトリセツ〜
ルール② 本当にそれ食べたい？脳内豚に語りかけろ！

★ノータイムで口に放り込む前に、10秒の語りかけタイムを設けて！
それでだいぶ私は暴食を防ぐことができました。

ルール③ 〜脳内豚のトリセツ〜
過食した時は脳内豚のせい、成功したら自分の手柄にせよ！

★もし我慢できた時は「私ってなんて素晴らしいんだ！ 天才！」と
それは自分の手柄にして褒めまくろう！

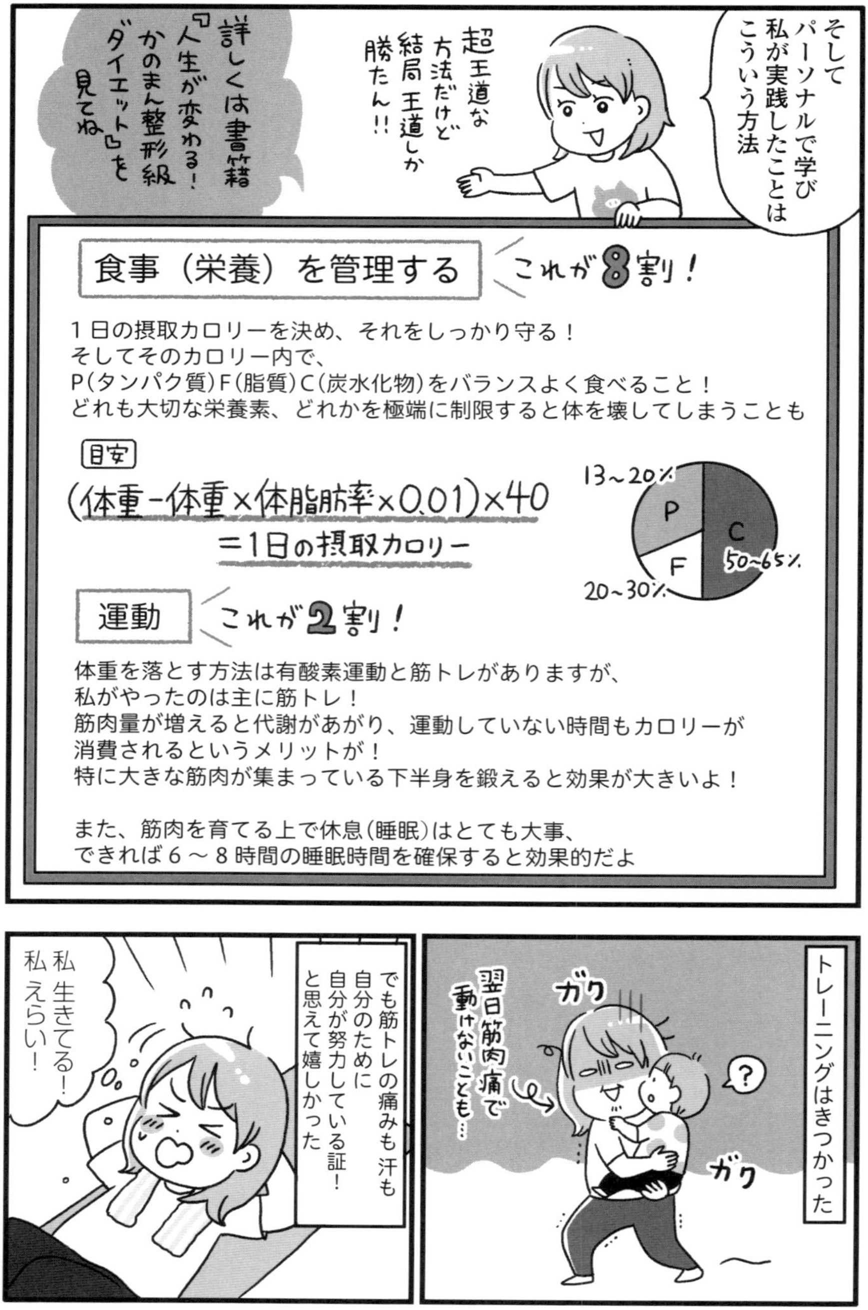
そして
パーソナルで学び
私が実践したことは
こういう方法
超王道な方法だけど
結局王道しか勝たん!!
詳しくは書籍
『人生が変わる!
かのまん整形級
ダイエット』を
見てね
食事(栄養)を管理する
これが8割!
1日の摂取カロリーを決め、それをしっかり守る!
そしてそのカロリー内で、
P(タンパク質)F(脂質)C(炭水化物)をバランスよく食べること!
どれも大切な栄養素、どれかを極端に制限すると体を壊してしまうことも
目安
(体重−体重×体脂肪率×0.01)×40
=1日の摂取カロリー
P
13~20%
C
50~65%
F
20~30%
運動
これが2割!
体重を落とす方法は有酸素運動と筋トレがありますが、
私がやったのは主に筋トレ!
筋肉量が増えると代謝があがり、運動していない時間もカロリーが
消費されるというメリットが!
特に大きな筋肉が集まっている下半身を鍛えると効果が大きいよ!
また、筋肉を育てる上で休息(睡眠)はとても大事、
できれば6~8時間の睡眠時間を確保すると効果的だよ
トレーニングはきつかった
翌日筋肉痛で動けないことも…
ガク
?
ガク
でも筋トレの痛みも汗も
自分のために
自分が努力している証!
と思えて嬉しかった
私生きてる!
私えらい!

そしてなにより
たくさんの褒めのシャワーを浴びるうち
HAHAHA
すごいです
できてます
GooD
いつからか
自分で自分を褒めることができるようになってきた
ポン
よくできました
今日もさぼらずジムにこられた
ポン
よくできました
きちんと目標カロリー内におさめられた
自分を褒めるだけでこんなにもモチベーションに繋がるなんて…
ポン!
たいへんよくできました
パァ
私に必要なのはポジティブな褒め言葉だったんだ!
かのまんボイス
ダイエットを始めたばかりの人はいわば赤ちゃん!
赤ちゃんが生まれてみんなから祝福されるように
あなたは最高!!
スゴイ!!
日本一!!
偉大なる第一歩を踏み出せた自分を褒めて褒めて褒めまくれ!
そしてその「褒め言葉」こそがダイエットを挫折せず継続していく一番の源だよ!

そうして
トレーニングを
続けるうち
あれっ
少しずつ 少しずつ
体型にも変化が表れ始めた
わっ
ズボンがゆるいかも
体型が変わり始め
だんだん心境にも
変化が表れ始める
あ あの服
かわいい
自分を罵倒する声は
薄れていき
そうだ私 美術館
好きだったな
このマンガ
面白い!!
昔「楽しい」
「好き」と思っていたことを
また楽しめるようになっていた
夫との関係にも
ピリピリしすぎず
過ごせるように
掃除して
くれたの?
ありがとう
うん
ま
セックスレスは
相変わらずだけど…
でも前みたいに
こうは思わなく
なってきたなぁ
夫に
相手にされない
自分は
女失格だ〜

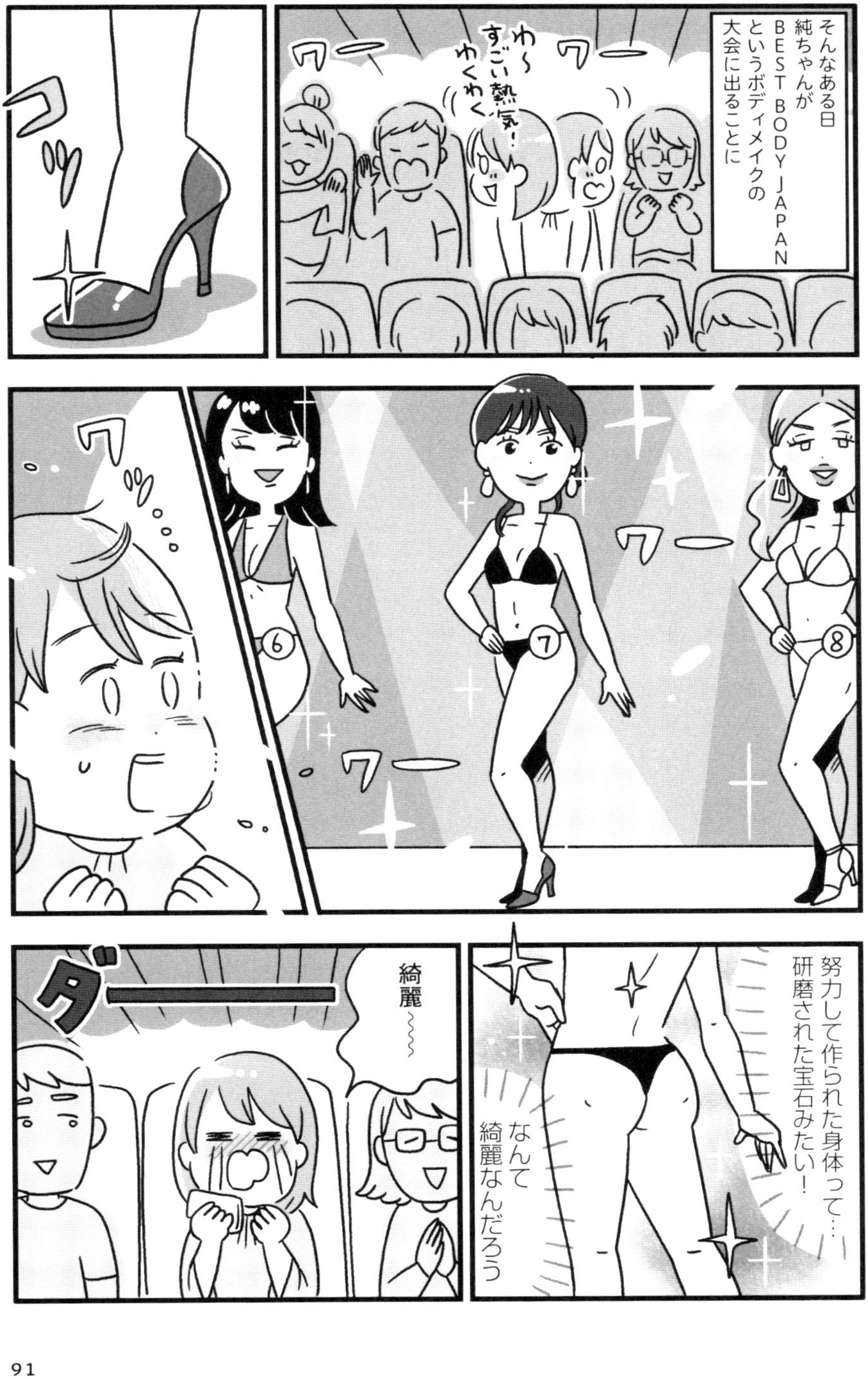
そんなある日
純ちゃんが
BEST BODY JAPAN
というボディメイクの
大会に出ることに
ワー
ワー
わ～
すごい熱気！
わくわく
コッ
ワー
ワー
ワ
努力して作られた身体って…
研磨された宝石みたい！
なんて
綺麗なんだろう
綺麗～～～
ダーーー

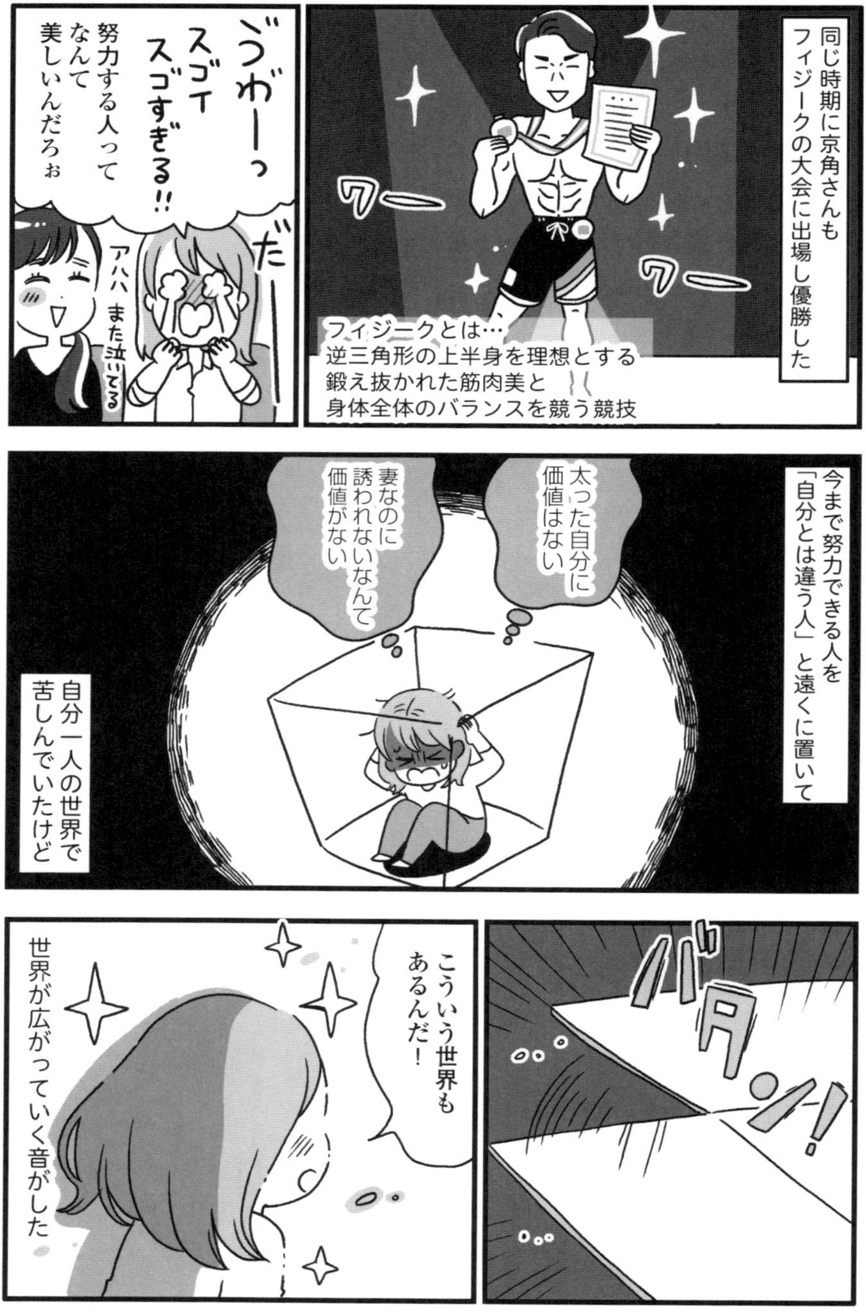
同じ時期に京角さんも
フィジークの大会に出場し優勝した
ワー
ワー
フィジークとは…
逆三角形の上半身を理想とする
鍛え抜かれた筋肉美と
身体全体のバランスを競う競技
ゔわ゛ーっ
スゴイ
スゴすぎる!!
努力する人って
なんて
美しいんだろぉ
だー
アハハ また泣いてる
今まで努力できる人を
「自分とは違う人」と遠くに置いて
太った自分に
価値はない
妻なのに
誘われないなんて
価値がない
自分一人の世界で
苦しんでいたけど
バタン!
こういう世界も
あるんだ!
世界が広がっていく音がした

お疲れさまで〜す
あっ京角さんいた!!
タッ
京角さん!
おめでとう!
本当にお疲れ様〜!
今から頑張れば…
私も大会に出られるかな?
え!? アレ??
HAHAHA
何言ってんだろ私

おやすみ〜
Zz
私も大会に出られるかな？
HAHAHA
出られますよ！頑張りましょ〜!!
ドキドキ
ス〜
そうだ!! 全身鏡どっかにあったような
ピョン
確かこの辺に…
わっホコリすごい
ゴソ
ゴソ
ああった！
ポーズってこうだっけ？
あれ？こう？なんか違うな…
プッ
しまいこむぐらい鏡見るのが嫌だったのに…
すごい変化

子どものために
ボロボロになって
頑張っていたあの時
自分が
写り込んだ写真も
ほとんど
消しちゃったんだっけ…
今思うと
ねむいよ～
あの時のガムシャラに頑張っていた自分ごと消してしまっていたんだな
あんなに太ってしまったのだって頑張っていた勲章だった
ほがらかミルク
いちごクリームパン
CHOCO
育児のイロハ
脳内豚だってただの敵じゃなかったのに
心がSOSだよ!
甘いもの食べて元気出して!!
あの時の私
家族のために頑張ったね
ありがとう

今度は私
私自身のために頑張るね
かのまんボイス
産後太ったのは
育児を頑張った証拠！
誰も傷つけず
食べることで
自分を励ましている
あなたは
ほんとーにえらい！
よーし！
今日もジムに
行ってきます！
こうして
BEST BODY JAPANという
大会を目標にかかげ
頑張ることに

月1回パーソナルジムで
アドバイスをもらいながら
大型ジムで
週1～2回の自主トレーニング
ゆっくりゆっくりだけど
体型は変わっていき
スラーー
約2年かけ
ついにマックス体重から
マイナス18kg達成！
体重
64kg → 46kg
体脂肪率
40% → 20%
すると日常でも…
ん？
!?
体が軽い！
ピョーン
!
走れる！
キャー
抱っこできる～～～！

仕事でも
これ重い〜！
誰か男性スタッフ呼んでくるね
あっ
いけます
ダンベルより軽い
ヒョイ
ギョ
え!?
すごい…すごいぞ！
筋肉は最強の防具で武器だ！
ピカー
そして周りの目も変化した
なんかすごい見られてるな…
じろ
じろ
もしかするとどん底時代の価値観ならこういう視線ですら
女として見られてる？嬉しい!?!
と思っていたかもしれないけど
ムム

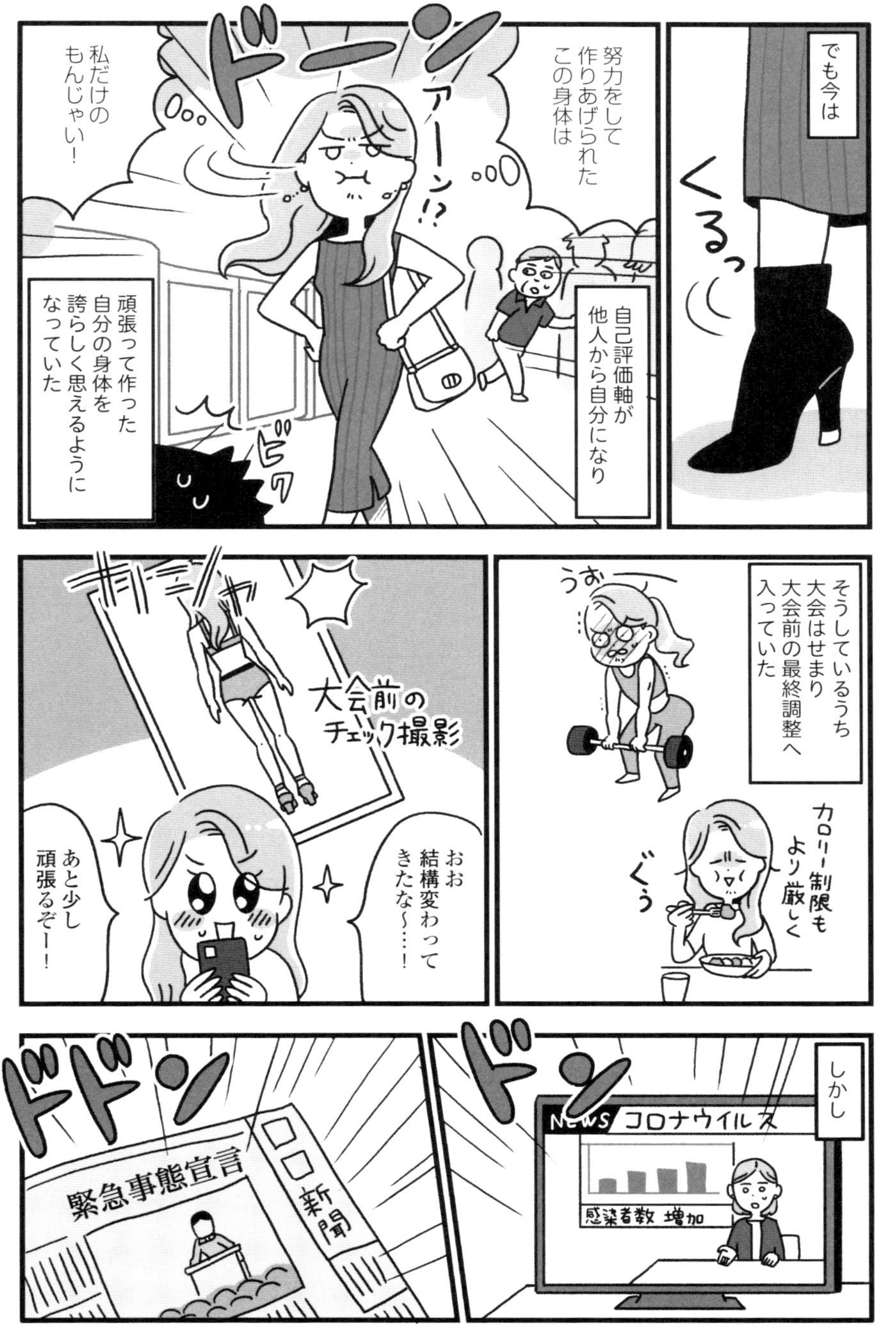

でも今は
くるっ
自己評価軸が
他人から自分になり
努力をして
作りあげられた
この身体は
ドーン
アーーン!?
私だけの
もんじゃい!
ビク
頑張って作った
自分の身体を
誇らしく思えるように
なっていた
そうしているうち
大会はせまり
大会前の最終調整へ
入っていた
うお
カロリー制限も
より厳しく
ぐぅ
大会前の
チェック撮影
おお
結構変わって
きたな～……!
あと少し
頑張るぞーー!
しかし
ドン
NEWS コロナウイルス
感染者数 増加
ドドン
緊急事態宣言
□□新聞

ドドドン
大会中止のお知らせ
ガーーン
ガーーン
ガーーン…
はっ
ショックのあまり菓子パンに手を出しそうに…
…プルプル…
CHOCO SNACK
あーあ…せっかく頑張ったのにな〜この頑張りがもったいない〜〜
いじいじ
うじうじ
……
今までろくにダイエットの記録もSNSにアップしていなかったしTwitterにでも上げるか
ムク
フォロワーも少ない普通の育児アカウントだけど…

せめて少しでも 京角さんが
新しく立ち上げるジムの
宣伝になれば…
ジム立ち上げ
準備中
HAHAHA
100イイネぐらい
ついたらいいな
投稿っと…
ツイートす
かのまん
kanotantan
ポ
は～
がっかり…
ブ～ン
ポイ
りっちゃん
おやつに
お芋食べよっか～
うんっ
私はまだこの時
この投稿が
あれほどの反響を呼ぶとは
思ってもみなかった
ブブッ
ブブッ
ワイ
ワイ
おいしいね～

少しして
さて…食べたものアプリ記入しますかね
さつまいも 50gって…
ん!?
99
Twitter
12
わっ! さっきの画像がバズってる!
3万イイネ!?
止まらない通知!
こうしてる今もずっとスマホがブルブルしてるし
ブブブ…
なんだか熱持ってない!?
そうこうしているうちに英語のリプライや引用RTまで
너무 아름다워 !
I can't believe it's the same person
我也想减肥
Amazing
私のケツが
海を渡った——!
あわわわわ
ケツ大航海時代突入!!

ヒィィ
布団
ポンッ
ブブブ
しばらくして
も〰〰怖い…
お尻丸出しだし
投稿 削除しようかな
チラ
!
なんて綺麗なお尻！
すごい！
モチベーションが
あがる！
美しすぎる！
ここまで努力
したのがすごい！
パチパチ
パチ

ワァァァァァァ
それは何万人もの人に
拍手されたような
感覚だった
私の頑張り…
みんな認めてくれた
グスッ
今まで一人で
もがいてきたような
気がしていたけど
こんなにも味方がいたんだ…！

翌日
【お仕事のご案内】
穿《は》くだけで痩せる
レギンスをPRして
いただけませんか？
【PR依頼】
運動不要で
飲むだけで痩せるサプリを…
報酬：○万円
ちょっと慣れた
わー
バズると本当に
こういうのが来るんだ！
私も前
何かにすがりたくて
インフルエンサーの
こういう投稿に
振り回されて
たっけなぁ
しみじみ
痩せる
サプリとか
簡単に
痩せる？
えーーん
全っ然
痩せないじゃん!!
こうそ
サプリ
これ違う人じゃないの？ ww
すごすぎて嘘くさいw
頑張れる人はすごいなぁ
万年デブの私は無理だ ww
あ…
純ちゃん
マッチョになるの～？ww
プププ～

どうしたらこんな風に痩せられますか？
自分を好きになりたい
助けてください！
産後太りで毎日が辛い
消えたいです
あ…これ…
少し前の私だ…
私に伸ばされた
2つの手
どうしたら
痩せら
消えたい
助けて
くださ
PR依頼
どちらの手をとるかは明確だった
助けて
くださ

私が産後辛かった時に欲しかったのは「この人は信じられる」という情報を教えてくれる人
糖質は抜いた方がいい？
運動は意味がない？
何を信じればいいの〜!!
あの時京角さんや純ちゃんが助けてくれたように
同じ苦しみを抱えた人のために私の経験が誰かの役に立つなら……！
ザッ
あの辛かった時側にいてほしかった存在に
私はなるんだ！
それからは昔の自分と同じ境遇の人たちのためそして恩人京角さんのジムの告知も兼ね
もう少し
腰おろして〜
=3
京角さんの手を借りボディメイクの専門知識やトレーニング動画を投稿し始めた
自分が痩せたノウハウを発信していくことを決めた

京角さんは典型的なマッチョ飯※だったので
栄養バランスはバッチリです
ヒィ泥!?
※栄養重視で見た目が終わっている飯
自分なりにアレンジした彩りよく美味しいダイエットご飯を公開したりした
ふわ焼き鶏胸肉のハニーマスタードソース
材料
つくり方
そうするうちに出版依頼も
一緒に本を作りましょう!
えっ!?
一時期閉ざされていた私の世界は
慕ってくれるフォロワーさん
編集さん
TV出演
小学校での講演
どんどん広がっていった
ビジネスパートナー
オンラインジムの仲間たち

忙しくなったけど
充実してるし
毎日幸せー！
痩せたお姫様は幸せに
暮らしましたとさ
めでたしめでたし…
Happy End
…と
ズン
ウフフ
アハハ
そんなにうまくは
いかないのだった
ズモモモモモ…
痩せたお姫様は幸せに
暮らしましたとさ
めでたしめでたし…
Happy End
つづく

Kanoman's advice part.2

痩せたいと思ったらまず初めにやるべきことは、今の自分を知ることです。

食事量を無闇に減らそうとしたり、がむしゃらに運動をしようとしたりしても、ちょっと辛辣な言葉を使いますがそれが「身の丈に合っていない努力」だと続けることができないんです。

特に最初のスタート時はモチベーションが高まっていることもあり、無理な目標を設定しがちです。

まず今の自分の心や身体がどういう状況で、どんな食生活を送り、その生活習慣になっているのはなぜなのかを少し考えてみましょう。

そして皆さんダイエットを始めたらまず「減らすこと」からスタートしようとしますが、実は必要なことは健康な心身を作るために「足すこと」です。足りていないものをプラスするという意識を持つことから始めるんです。

一日の水分摂取量が足りていない人は水を飲むことから。朝日を浴びる時間を増やし、食事のタンパク質量が足りていない人がほとんどなので低脂質な食材でタンパク質摂取量を増やします。

噛む回数は？　一日に歩く歩数は？　足りていないところを補う気持ちで始め、健康的な生活習慣を増やすことで、今の悪習慣を少しずつ追い出していくイメージを持ちましょう。

いきなり特別なことをしなくても大丈夫。できることから始めて、それが出来たら次のステップという段階を徐々に踏んでいけば、ふと気づいた時に前の自分とは変わっているはずです。

第3章

頑張って生きる私たちへ

14 ダイエットにゴールは存在しない

自分の疲労と睡眠不足に加え
フラ
フラ
NEMUI
ゴン!ゴン!
自分の全身写真や動画が本にのる
痩せただけの主婦がごく普通の主婦が仕事として文章を書く
本が売れずに担当さんや出版社に迷惑をかけたらどうしよう
ゴン!
うっ
今までにない重圧を感じるようになっていた
撮影が終わるまで絶対に太っちゃいけない
売れずに
をかけたら
どうしよう
が、頑張らなくちゃ…
そんな中
プルプル
脳を酷使する執筆作業は甘いもの抜きではははかどらず
CHOCOLATE
ボリボリボリ…
深夜文章を書きながらチョコを食べる手が止まらなくなっていた

過去の経験から「睡眠不足」「ストレス」は脳内豚を暴走させ
ピピッ
睡眠不足
ストレス
過食のトリガーとなることはよくわかっていたはずなのに
同じ生活に逆戻りしてしまった
ぐおおーーっ
そしてやっと迎えた最後の写真撮影日
カシャ
カシャ
これで全カット終わりです!
お疲れ様でした〜
ワーー

ハ〜
なんとか乗り切った〜
緊張した…
ハタ
LOVE BURGER
ビビビビビ
ビビビビ
シュポッ
LOVE BURG
モグモグモグ
そこからまた目にも留まらぬ速度で過食がスタートしたのだった

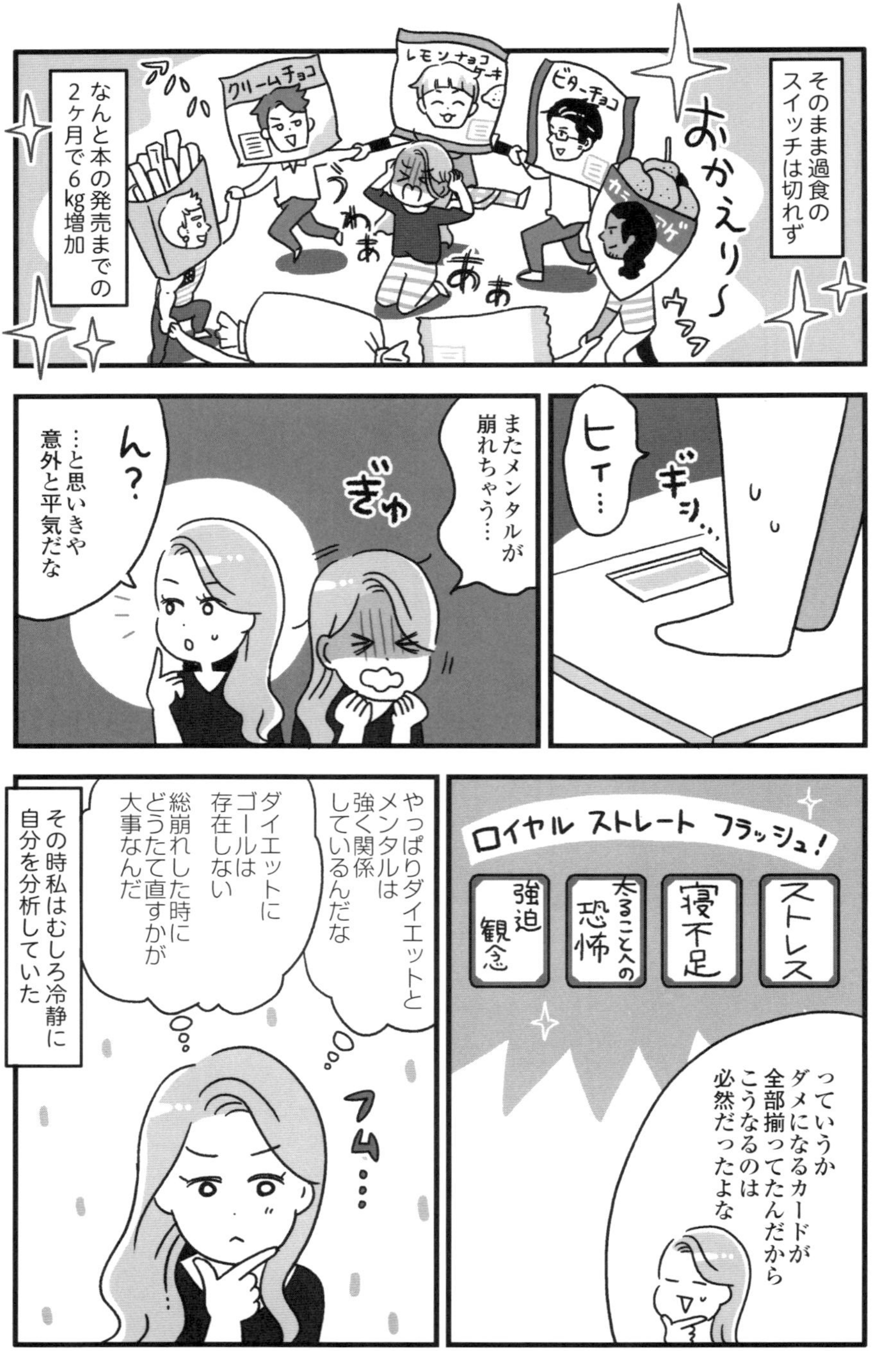
そのまま過食のスイッチは切れず
おかえり〜
ウフフ
レモンチョコケーキ
ビターチョコ
クリームチョコ
うわぁああ
なんと本の発売までの2ケ月で6kg増加
ヒィ…
ギシ…
またメンタルが崩れちゃう…
ぎゅ
ん？
…と思いきや意外と平気だな
ロイヤル ストレート フラッシュ！
ストレス
寝不足
太ることへの恐怖
強迫観念
っていうかダメになるカードが全部揃ってたんだからこうなるのは必然だったよな
やっぱりダイエットとメンタルは強く関係しているんだな
ダイエットにゴールは存在しない
総崩れした時にどうたて直すかが大事なんだ
フム…
その時私はむしろ冷静に自分を分析していた

私はきっと大丈夫！
また頑張れる！
そう！
私は
前とは違う！
「正しい頑張り方」
を知ったんだから！
脂肪の下には筋トレで増えた
筋肉が残っていたこともあり
ぐー
本の発売3ヶ月後から
無理せず少しずつ
元の生活に戻していき
PROTEIN
体型も元に戻っていった
かのまんボイス
時には食べすぎたり
筋トレをさぼったり
することがあっても
いい
リバウンドすることも
あるから
自分を責めすぎないで！

そしてついに
ガヤ
ガヤ
出場者控室
BEST BODY JAPAN
…よし…！
コト
キュッ
プリッ
キラッ
ギリ間に合った〜！
ドキドキ
念願のベストボディジャパンに
エントリーすることができた

スーハー
スーハー
大丈夫
私は大丈夫
あのどん底からここまで来られたんだ
ザ
行ってきます！

ザワ ザワ
ザワ ザワ
BEST BOD
JAPA
それでは結果発表です
第5位…
6
13
18
13番！

ワァァ
ァァ
BEST BODY JAPAN
ワァァ
ァァ
BE

見てた？
あの時の私！
私たち やったね！
自分で自分の体型を変える経験をして私のメンタルも落ち着いていった
ガチャ
ただ
ただいま
おかえり
これ書いたから
あとはかのちゃんのタイミングで出して
カサ
ありがとう

カサ…
産後 悪化した 夫との関係は再構築 できず
2人で話して 離婚を選択した
離婚届

孤独に育児をする辛さ を夫にわかってほしかった
助けてほしい時に 助けてほしかった
会話がない? 物静かで優しくて いい旦那さんじゃん!
贅沢〜!
そうなのかな…
私ばっかり 話してる…
好きだよ かわいいって 言ってほしかった
愛情を 感じたいよ…
しく しく
バン
今日も「なし」か… 私には 価値が ない…
でもなにより 応えてくれない夫に 必死に愛情を求める 自分が大嫌いだった

△△区役所
一時期は関係を修復しようと頑張ったりもしたけど
戸籍課
お願いします
結局私たちは一緒に息子を育てるパートナーとしては協力しつつ
別々の道を行くことを決めた
ん〜
今日からシングルかぁ〜
のびっ
収入とか…
学校行事とか…
いろいろ
大丈夫かな〜〜〜
不安…
いや!
これからのことは
いろいろ
不安だけど…
でもきっと大丈夫!

あの閉ざされた世界で
泣いていた私はもういない

今は
自分を信じられる

よし!
行くぞーっ

ワイワイ
息子も大きくなって
行ってきます!!
ひまわりぐみ
行ってらっしゃい
育児もだいぶ楽になった
もうすぐ小学生
その後も
TV出演
小学校での講演
健康《けんこう》な体《からだ》の作《つく》り方
私の世界は広がり続けている
イベント主催
再び大会に挑戦
よし！仕事の前にジム行こう！
いそげっ
Sweets Set
でも

私の心の真ん中は
ずっとあの
苦しい時期にあって
MORNING SET
Sweets Set
目をつむると
いつでもあの時にもどれる
ずっと忘れない
「自分には価値がない」と
押しつぶされそうになって
ぎゅ
食べながら
心から血を流していた時の
苦しさを
だからこそ
今同じように苦しんでいる
あなたに
あなたに
SNACK
POTATO
バナナケーキ
チョコスナック
あなたに
伝えたい
シンデレラ体重

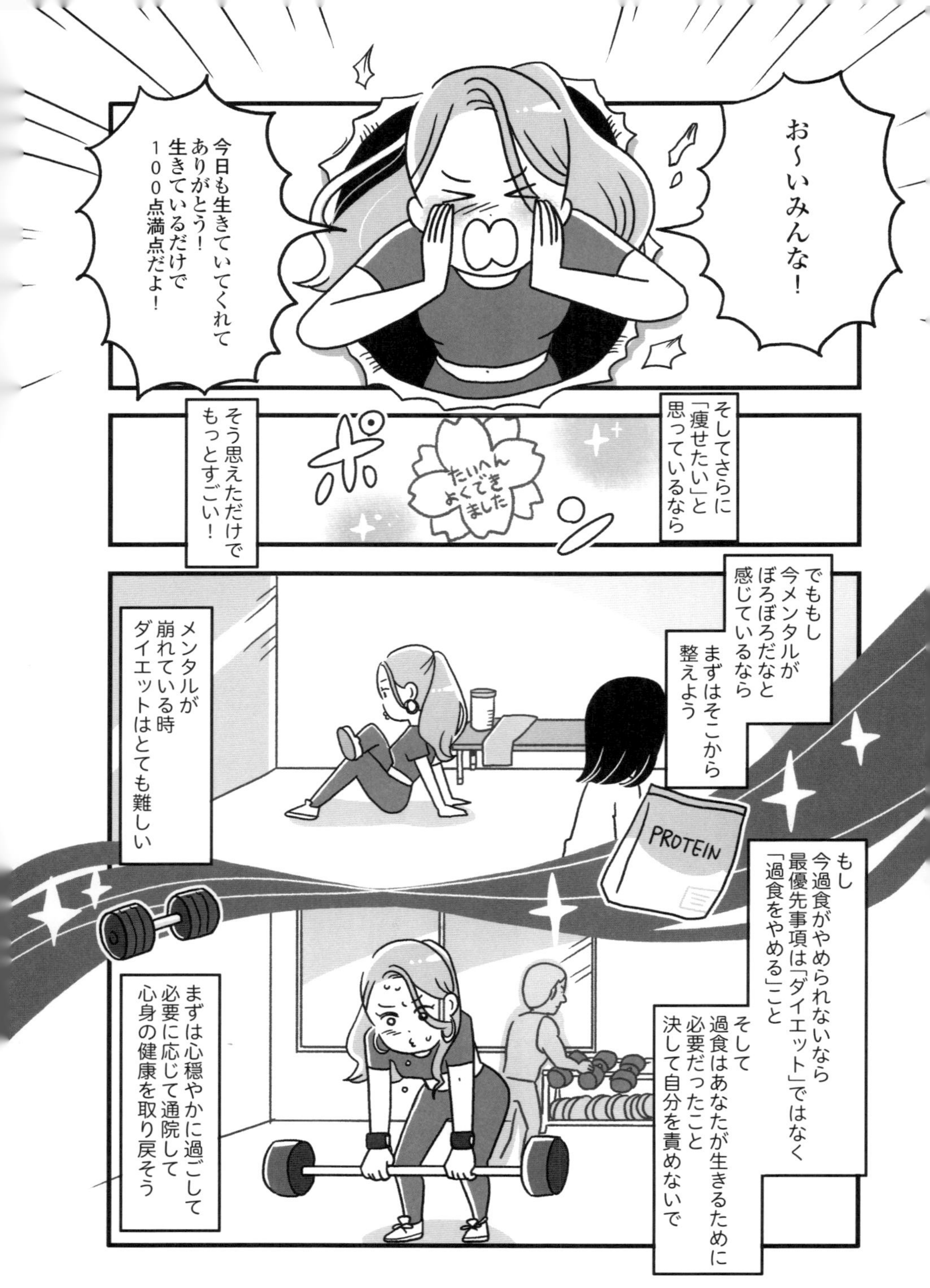

お〜いみんな!
今日も生きていてくれて ありがとう! 生きているだけで １００点満点だよ!
そしてさらに「痩せたい」と思っているなら
ポ
たいへんよくできました
ン
そう思えただけでもっとすごい!
でももし今メンタルがぼろぼろだなと感じているなら
まずはそこから整えよう
メンタルが崩れている時ダイエットはとても難しい
PROTEIN
もし今過食がやめられないなら最優先事項は「ダイエット」ではなく「過食をやめる」こと
そして過食はあなたが生きるために必要だったこと決して自分を責めないで
まずは心穏やかに過ごして必要に応じて通院して心身の健康を取り戻そう

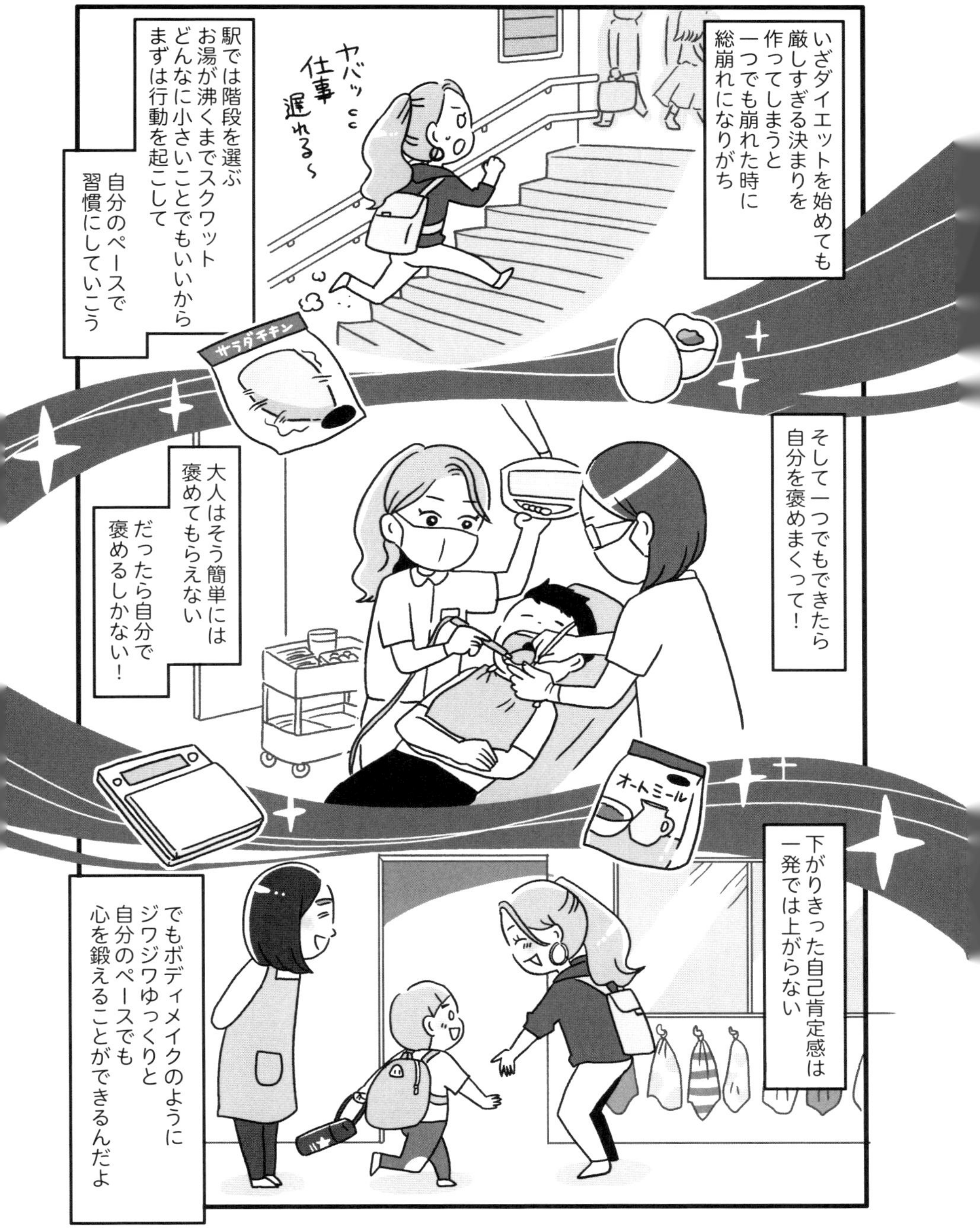
いざダイエットを始めても
厳しすぎる決まりを
作ってしまうと
一つでも崩れた時に
総崩れになりがち
ヤバッ… 仕事遅れる〜
駅では階段を選ぶ
お湯が沸くまでスクワット
どんなに小さいことでもいいから
まずは行動を起こして
自分のペースで
習慣にしていこう
サラダチキン
そして一つでもできたら
自分を褒めまくって！
大人はそう簡単には
褒めてもらえない
だったら自分で
褒めるしかない！
オートミール
下がりきった自己肯定感は
一発では上がらない
でもボディメイクのように
ジワジワゆっくりと
自分のペースでも
心を鍛えることができるんだよ

スモールステップの積み重ねが
自分を愛する気持ちを
連れてきてくれる
「努力してきた自分を
裏切りたくない」
と思えた時
あなたの内面が
急速に外見までも
変えていくんだよ
Diet Sugar
「痩せたら幸せになれる」
それは違う!
えーと 夕飯は
胸肉と…
トトトト
一番の目標は
「自分を好きになって
幸せになること」
アー
記入完了!!
今日も生きていてくれて
ありがとう
育児や仕事、家事、
勉強を頑張って
本当にえらい
忘れないで
そもそもあなたは
生きているだけで
100点なのだから

ママ!
準備できたよ〜
よーし 今日は遠出して あの広い 公園に行こっか!
うん!
お弁当作ったよ〜
ほら あんたもどうせ ついてくるんでしょ
!
ったく〜
ピョン
え? あの公園 自販機のアイス あるよって?
うーん、どうしよっかな〜
コソコソ…
レッツゴー!
とりあえず お昼ご飯食べてから 考えよ
バタン
行ってきまぁす

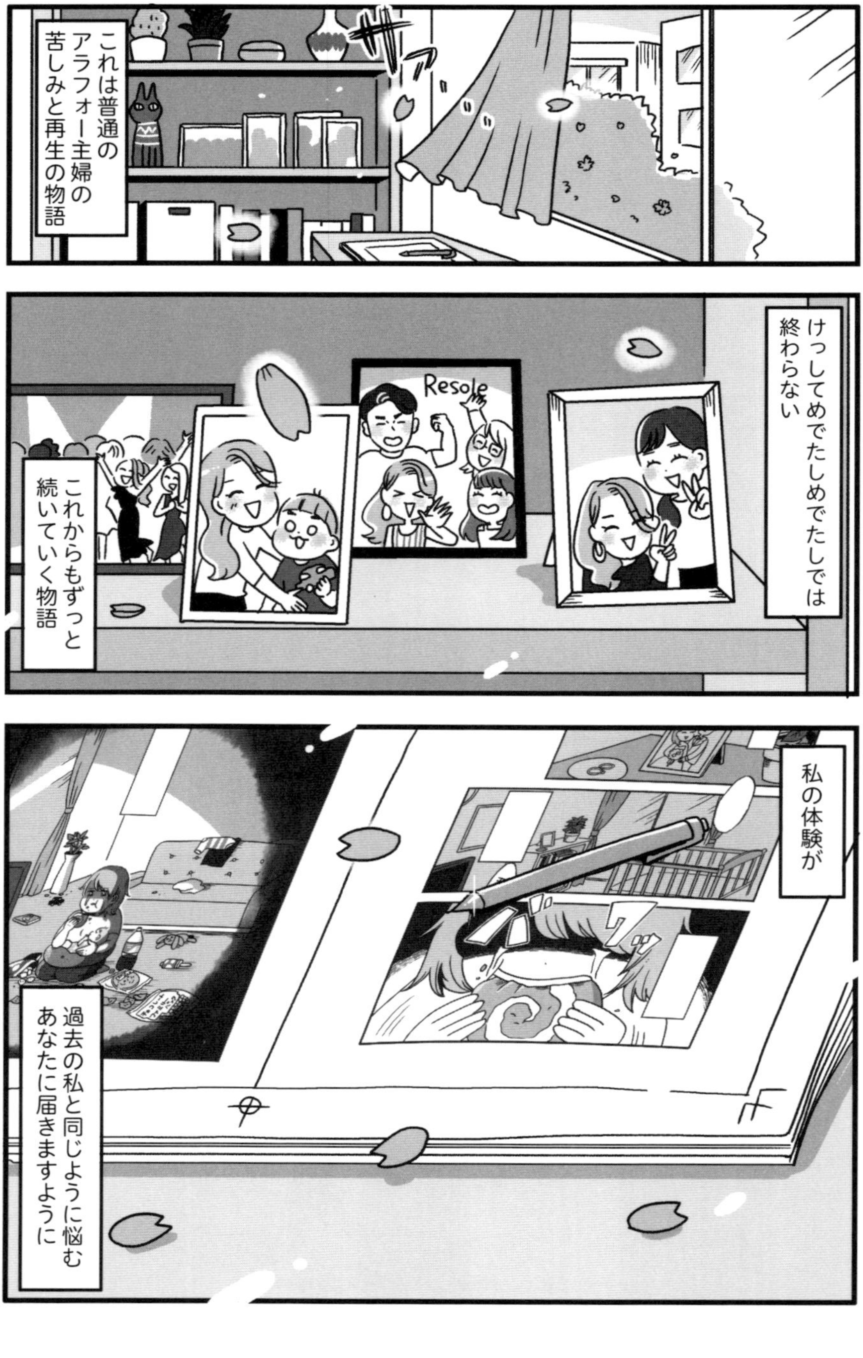
これは普通の
アラフォー主婦の
苦しみと再生の物語
けっしてめでたしめでたしでは
終わらない
Resole
これからもずっと
続いていく物語
私の体験が
過去の私と同じように悩む
あなたに届きますように

「自分褒めダイエット」の3ステップ

（自分褒め
ダイエット）

ステップ1

今の自分に
絶対に習慣化できること
を最初の目標に設定

できることしかやらない！
「トイレに行くたび水を1杯飲む」
「歯磨きの間はスクワットする」など
既存の習慣にくっつけるのが
オススメ。

**できたら
ベタ褒め！**

チャレンジしたからこそ
できないことが
わかったのなら、
それも大きな成長！

**できたら
ベタ褒め！**

難しければ誰かに
「褒めて！」と頼んでもＯＫ

ステップ2

できることを少しずつ
増やしていく

１日５分身体を動かす、
階段使うなどなんでもOK！
三日坊主でもOK、またすぐ次の三日を
やればいい！
正解を見つけるには
失敗も必要だよ！

**できたら
ベタ褒め！**

カレンダーに
シールを貼るなど
見える化もオススメ

ステップ3

「自分の心と身体」
について知る

試行錯誤を繰り返し、
自分の得意や苦手、身体の特徴について
理解を深めよう！
できないことがあれば、それはきっと
心か身体に不調がある証拠。
そんな時はしっかり休んで！

**このサイクルを継続し加速させるのが
「自分を褒めること」
3ステップを繰り返すことで最高の自分に近づこう！**

あとがき／かのまん

最初にこのコミックエッセイのお話をいただいた時、
ダイエットに関する私のアドバイスを漫画にしてくださるのかしら、
アラわかりやすくていいわねウフフと思ったのですが、
「いいえ、かのまんさんの人生を漫画化します」と言われ
腰を抜かし泡を吹いて倒れました。
「太ってから痩せるまでのヒストリーでしょうか……」とおずおずと尋ねると、
「いいえ、幼少期から今までです」と答えられ、
さらに2リットルほど泡を吹きました。

そうなると今までの私の恥ずかしい過去や辛かった思い出、
本当は隠しておきたかった私生活が皆の知るところとなってしまうわけで、
それならば絶対にこの方に描いてほしいと切望したのが
イラストレーターのあきばさやかさんでした。
以前あきばさんが私のダイエット法を
実践してくださったことからご縁はあったのですが、
私はあきばさんの作品の大ファンで、人の感情の繊細な描き方、
悲しみや葛藤を包み込んで心を軽くしてくれるような作風の彼女の手で、
他の誰でもないあきばさやかさんの手で、
私の半生を物語にしてほしかったのです。

ありがたくも快く引き受けてくださり、
Ｗｅｂ連載を経てこのような一冊の本の形となり、
本当にあきばさんはじめ、編集や装丁など、
携わってくださった全ての方々に感謝の気持ちでいっぱいです。
今までお見せしていなかった過去や自分を、
こういった形で皆さんに知ってもらうことに、不安や恐怖もありました。
でもきっと、私のこれまでのＳＮＳの投稿を見たり拙著を読んでくださったりしていた方は、
私がなんらかの深い悲しみを抱え、それを乗り越え、涙を拭って笑いながら
「ほら！　あんたにもできるって！　頑張んなよ！」と肩を叩いて励ましていたことを
見抜いてくださっていたような気がします。

私がしたことは「たかがダイエット」だったかもしれません。
そして私は本来漫画の主人公になるような人間ではなく、
どこにでもいる産後太りをした普通のママです。
私の物語はこれからも続きます。
そしてそれは、今読んでくれているあなたも同じ。
あなたが主役のあなたの人生が、幸せな物語になることを心から願っています。
この本が少しでもあなたの心を軽くする手助けができますように。
毎日頑張る自分をたくさん褒めてあげてくださいね。
最後まで読んでいただきありがとうございました。

私がかのまんさんを知ったのは例のバズったツイートでした
えっ
すごい変化！
この人は誰!?
あきば
ちょうど産後太りに悩んでいた時期
そこからかのまんさんがSNSで丁寧に発信してくれる情報を読み込みすっかりファンに
初めて正しい食事管理と筋トレを学び
停滞したりもしつつコツコツダイエットを続けました
京角さんのオンラインサロンにも入会した
するとどうしたことでしょうか！
産後太り解消どころか子どものころからコンプレックスだった太い脚までがゆっくり、確実に引き締まっていったのです
わーっ
半年で
体重
59.5kg→53.0kg
体脂肪
27%→20%
(身長165cm)
じ〜ん
かのまんさんは恩人だ…
生まれて初めて「自分の身体が好き！」と思うことができて感動したのを覚えています
そんな恩人かのまんさんの初のコミックエッセイ本ということでご連絡いただいた時は驚きました
！
え！私でいいんですか!?
初めてお話しするかのまんさんはSNSのイメージ通り明るく、面白く、パワー溢れる人
でも当時の葛藤や苦悩を聞くうち「これはたくさんの人に読んでもらうべき物語だ」と強く思いました
かのまんさんの沢山の愛溢れるメッセージから
「自分を褒めることの大切さ」「好きな自分に近づくヒント」を得ていただけたら幸いです
あきばさやか

Kanoman's Recipe

巻末付録

ダイエットモチベ爆上がり！
「まずはこれ」レシピ

今日から食生活に気をつけてみようかな…と
偉大なる第一歩を踏み出そうとしているあなたに
「まずはこれを食べて！」とオススメしたいレシピを紹介します。
お腹も心も大満足で「これなら続けられそうかも…」と
モチベーションが上がること間違いなし！

注意事項

○材料の野菜は特に記載がない場合は洗って下処理をしてから調理してください。
○加熱調理の火加減はガスコンロを基準にしています。
○電子レンジの加熱時間は600Wの場合の目安です。機種によって様子を見て調節してください。
○作り置きをする場合は、しっかり粗熱をとってから清潔な保存容器に入れ冷蔵庫で保管してください。
○フライパンを使用するレシピは、テフロン加工のフライパンかフライパン用ホイルシートを使って焼く想定です。
いずれも持っていない場合は、薄く油をひいてから焼いてください。

さばの味噌煮缶のオートミールトマトリゾット

材料(4人前)

- さば味噌煮缶(160g)：1缶
- パプリカ：1個
- ズッキーニ：1本
- 玉ねぎ：1個
- しめじ：1株
- マッシュルーム：4個
- オートミール：140g
- トマトソース缶：1缶(295g)
- トマトペースト：1袋(18g)
- 水：500ml
- コンソメ(顆粒)：小さじ1強(5g)
- とりガラスープの素：小さじ2(5g)
- ハーブソルト:小さじ1弱(4g)
- オレガノ：適量

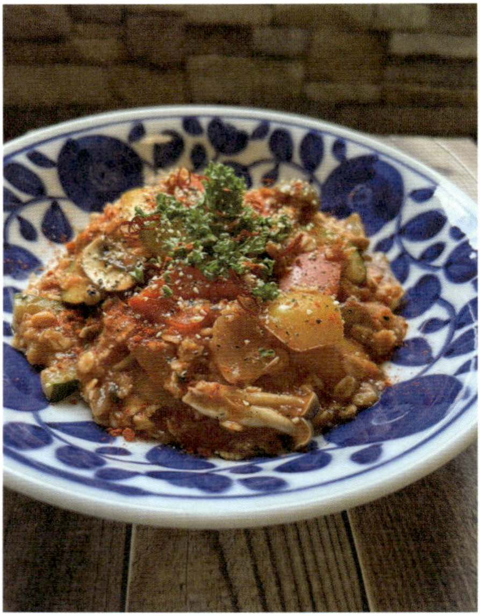

オートミールで食物繊維と、
さばでDHA、良質な脂肪酸、
タンパク質を摂る事ができます。
大きめにカットした野菜で
食べ応えUP！

作り方

Kanoman's Recipe

1. 水とコンソメ・とりガラスープの素を鍋に入れ火にかけ、そこに切った野菜・きのこ類を入れて軽く煮る。
2. オートミールを入れ、水分がなくなってきたらトマトソース缶と鯖の味噌煮缶を入れる。
3. トマトペースト1袋とハーブソルトを入れ、焦げつかないように弱火でよく混ぜ合わせる。
4. 風味付けにオレガノを入れて完成。
5. 多めに出来上がるので作り置きにして、ブラックペッパー、輪切唐辛子、ガーリックパウダー、パセリ(分量外)などをかけて味変して楽しんで！

材料（4人前）

- 生鮭：8切
- まいたけ：2株
- しめじ：1株
- 玉ねぎ：1/2個
- かぼちゃ：250g
- 冷凍ほうれん草：50g
- 調整豆乳：400ml
- とりガラスープの素：小さじ2(5g)
- 味噌：大さじ1と1/2(20〜30g)
- バター：10g
- 塩：少々

Kanoman's Recipe

鮭ときのこの和風豆乳クリーム煮

高たんぱく・低脂質な魚・鮭を、
豆乳を使ってヘルシーに
楽しみましょう。
生クリームを使用せず
豆乳とかぼちゃのコクのみで
素材そのものを引き立てる
味付けです。

作り方

1 生鮭に軽く塩を振ってから
フライパンで軽く焼き色がつく程度に焼いて、
一度取り出しておく。

2 かぼちゃは5ミリ程度の薄切りにしてから一口大に切る。
玉ねぎはくし切り、きのこ類は石づきを取り、ほぐす。

3 フライパンにバターをひき、2に軽く塩を振り炒める。

4 豆乳、とりガラスープの素、味噌を加え、ひと煮立ちさせたら1を加え、
10分ほど煮込む。味が濃ければ豆乳か水を大さじ1〜2足して調整する。

5 色が変わらないように最後に冷凍ほうれん草を加え、火が通ったら完成。

材料

- 鶏ささみ：3〜5本
- きゅうり：2本
- 大葉：10枚（約10g）
- 梅干し：5個くらい
- 水：800ml
- とりガラスープの素：小さじ2（6g）
- 濃縮めんつゆ：小さじ1（5g）
- 塩：ひとつまみ（1g）
- 水：大さじ1（15g）

ささみのゆで汁は次のページの「カニカマとしらたきのふわふわ卵スープ」にも使えるので、一緒に作るのがオススメ！

ささみ梅しそきゅうり

作り方

1 水800mlにとりガラスープの素を入れ、沸騰したら鶏ささみを入れる。もう一度沸騰したら火をすぐ止めて最低10分はそのまま放置する。

ほぐす時に取っちゃえばいいので筋は取らずにそのままゆでちゃう！

2 触れるくらいの温度になったら鶏ささみを取り出し手でほぐす。

ゆで汁は次のレシピのスープにも使える！

3 大葉は細切りか手で細かくちぎり、きゅうりは薄切りにして塩を1g揉み込んで3分放置する。

4 その間に種を取った梅干しを包丁で細かくたたく。（ねり梅チューブを使ってもOK）

5 3のきゅうりをキッチンペーパーに包んでぎゅっと絞る。

6 濃縮めんつゆに水大さじ1を入れて混ぜたものを作っておく。

7 全部混ぜて完成。梅干しの大きさや塩気で仕上がりの味が変わるので、めんつゆの量などで調整する。

Kanoman's Recipe

材料(4食分)

- カニカマ：5本
- 卵：2個
- チンゲンサイ：1束
  （キャベツ・白菜・レタスでもOK）
- しらたき：1パック(200g)
- 水：800ml
  （同量のささみのゆで汁でも代用可）
- とりガラスープの素：小さじ2(6g)
- 料理酒：大さじ1(15g)
- オイスターソース：大さじ1(19g)
- 醤油：小さじ1(6g)
- 片栗粉：小さじ2(6g)
- 水：小さじ2(10g)
- ごま油：小さじ1(5g)
- 酢：小さじ2(10g)

カニカマとしらたきの ふわふわ 卵スープ

Kanoman's Recipe

高タンパク低カロリーで
満足感たっぷりの、
身体も心もあったまる
スープです。

作り方

1 水にとりガラスープの素、料理酒を入れて煮立たせる。
もしくはP.140のささみのゆで汁を活用する。

2 1のスープに、オイスターソース、醤油、
ほぐしたカニカマを加えひと煮立ちさせる。

3 食べやすくカットした白滝を加える。
※白滝をザルにあけ、砂糖小さじ2（分量外）をよく揉み込み
水で洗い流してから入れると臭みが取れてより美味しくなる。

4 チンゲンサイ（葉物野菜）を一口大に切って入れ、火が通るまで煮る。

5 一度火を消して、片栗粉小さじ2を水小さじ2で溶かしたものを入れ、
かき回してから再点火〜沸騰させる。

6 卵2個を別のボウルに割り入れ、よく溶きほぐしてから回し入れる。

7 最後に酢とごま油を入れてかき混ぜて完成。

ささみの南蛮漬け

材料

- 鶏ささみ：6本(約300g)
- ピーマン：2〜3個
- 玉ねぎ：1/2個
- にんじん：1/2本
- 料理酒：大さじ1(15g)
- 塩コショウ：少々
- 片栗粉：大さじ1と1/2(15g)
- おろししょうがチューブ：2センチ

《南蛮酢》
★醤油：大さじ3と1/3(60g)
★穀物酢：大さじ4と1/2(70g)
★砂糖(またはラカント)：大さじ6(80g)

作り方

1 玉ねぎ、にんじん、ピーマンを細切りにする。

2 ささみの筋を取り、料理酒、塩コショウ、片栗粉、おろししょうがチューブをよく揉み込む。

3 2をフライパンでやや強火で表面に焼き色がつくくらい焼いたあと、蓋をして弱火で蒸し焼きにする。

4 南蛮酢の材料の★を全部鍋に入れて火にかけ、かき混ぜながら沸騰させて、お酢の匂いで盛大にむせたあと1で切った野菜を入れてから2分ほど煮る。

シャキシャキ感が残る程度！

5 3の焼いたささみを大きめの保存容器に入れて、その上から4の野菜入り南蛮酢をドシャーとかけて冷蔵室で冷やして完成。味が濃ければ水大さじ1〜2を足して調整する。

炊飯器で作るチャーシュー風鶏ハム

Kanoman's Recipe

作り方

1 ジッパー付き保存袋（耐熱）に材料をすべて入れ、揉み込む。

2 鍋で水1.5〜2リットルを沸騰させる。

3 1の空気を抜いてしっかり口を閉じてから、炊飯器に袋がしっかりと浸かるくらいの量の沸騰したお湯と一緒に入れて保温で1時間〜1時間20分放置する。

4 取り出して、冷めるまで1時間くらい放置し、常温に戻ったらカットする。

材料(2人前)

- 皮なし鶏むね肉：1枚(約200g)
- 醤油：大さじ2
- 料理酒：大さじ2
- 味の素：5振り
- とりガラスープの素：小さじ1(2.5g)
- おろししょうがチューブ：2センチ
- 水：1.5〜2リットル

切り干し大根のナポリタン

Kanoman's Recipe

材料

- 魚肉ソーセージ：1本
- 玉ねぎ：1/4個（60g）
- ピーマン：1個（30g）
- 切り干し大根：30g
- コンソメ顆粒：小さじ1(4g)
- 砂糖：小さじ1(3g)
- ケチャップ：大さじ2(36g)
- バター：3g
- カロリーオフマヨネーズ：4g(小さじ1)

作り方

1. 切り干し大根を水でよく洗い、水に浸して5分放置したあと、よく水気を絞り食べやすい大きさに切る。
2. 切り干し大根を放置している間に玉ねぎ、ピーマンを細切りに、魚肉ソーセージを斜め輪切りにしておく。
3. 耐熱容器に、1とピーマン、玉ねぎ、コンソメ、砂糖を入れてラップをし、電子レンジ600Wで3分チンする。
4. 取り出したら熱いうちにケチャップ、バター、カロリーオフマヨネーズを入れてよく混ぜて完成。

バターとマヨはナシでもOK！

そのままスプーンでわっしゃわしゃ食べても良し、ベーグルやブランパンに塗って食べても美味しいです。

かぼちゃとカッテージチーズのスイーツサラダ

材料(2人前)

- かぼちゃ：300g
- 裏ごしカッテージチーズ：80g
- カロリーオフマヨネーズ：大さじ1と1/4(15g)
- 砂糖(またはラカント)：
  大さじ1〜1と1/2(5〜10g ※甘さはお好みで調整)

作り方

1. かぼちゃは種を取り、一口大くらいに切って水にさらして耐熱容器に入れてラップして4〜6分電子レンジでチンする。（箸を刺して柔らかくなっていればOK！）
2. 裏ごしカッテージチーズ、カロリーオフマヨネーズ、砂糖（またはラカント）を加えてスプーンで混ぜて完成。

自《じ》分《ぶん》を褒《ほ》めまくることがダイエットへの近《ちか》道《みち》でした

2024年10月2日　第1刷発行

原案　かのまん

漫画　あきばさやか

発行者　山下直久

発行　株式会社 KADOKAWA
〒102-8177　東京都千代田区富士見 2-13-3
電話 0570-002-301（ナビダイヤル）

印刷・製本　TOPPANクロレ株式会社

ISBN 978-4-04-683719-6　C0095
Printed in Japan

◎お問い合わせ
https://www.kadokawa.co.jp/
（「お問い合わせ」へお進みください）
※内容によっては、お答えできない場合があります。
※サポートは日本国内のみとさせていただきます。
※Japanese text only

定価はカバーに表示してあります。

STAFF

ブックデザイン
あんバターオフィス

校正
鷗来堂

DTP
新野亨

協力
京角省吾
（パーソナルトレーニングジムResole）